Sprachenpolitik Deutsch als Fremdsprache

DEUTSCH:
Studien zum Sprachunterricht und zur interkulturellen Didaktik

Herausgegeben von

Wolfgang Herrlitz
Utrecht Institute of Linguistics
Universiteit Utrecht

2

Sprachenpolitik Deutsch als Fremdsprache
Länderberichte zur internationalen Diskussion

Herausgegeben von

Albert Raasch

Amsterdam - Atlanta, GA 1997

Cover design: Paul C. Pollmann

The paper on which this book is printed meets the requirements of "ISO 9706:1994, Information and documentation - Paper for documents - Requirements for performance".

ISBN: 90-420-0371-5
©Editions Rodopi B.V., Amsterdam - Atlanta, GA 1997
Printed in the Netherlands

Inhaltsverzeichnis

Vorwort

Albert Raasch

„Sprachenpolitische Beiträge" zur Internationalen Deutschlehrertagung Amsterdam 1997

Die folgenden Seiten stellen Beiträge zu einer „Sprachenpolitischen Zeitung" dar. Ursprünglich war daran gedacht, sie wirklich als „Zeitung" zum Kongreß in Amsterdam erscheinen zu lassen, doch wenn die Aufmachung auch nicht der Textsorte „Zeitung" entspricht, so ist der Stil der Beiträge gleichwohl „journalistisch" im besten Sinne des Worte.

Wir verstehen darunter Merkmale wie „Bericht", „Aktualität", „Korrespondenten", „vom Ort des Geschehens", „Subjektivität", „Informations- und Meinungsorientiertheit", „ein breites Publikum ansprechend", „Knappheit der Darstellung"; der Unterschied besteht darin, daß die Verfasser /-innen der vorliegenden Beiträge zugleich Beobachter und Akteure sind, was bei Korrespondenten normalerweise nicht der Fall ist.

Diese „Länderberichte" sind Teil unserer Bemühungen, die sprachenpolitische Thematik möglichst vielen Fachkolleginnen und -kollegen nahezubringen; für Lehrende und Forschende auf dem Gebiet der Fremdsprachenvermittlung ist die Beschäftigung - als Beobachter UND als Akteure - meines Erachtens ein „Muß", andernfalls werden wir als „Philologen" unserer Aufgabe nicht gerecht, für die Sprachen und für ein vernünftiges Lehren und Lernen der Sprachen einzutreten. Sprachenpolitisches Bewußtsein ist die Grundlage für alle Entscheidungen, die sich in Methodik, Didaktik, Linguistik, Literaturbehandlung usw. im Hinblick auf Lernen und Lehren ableiten lassen. Ich würde sogar noch weitergehen: Sprachenpolitik geht selbstverständlich auch die Lernenden selbst an..., übrigens nicht nur als Beobachter.

Die Subjektivität, die den „Korrespondenten" zuerkannt werden muß, gilt auch für den Herausgeber: Ich habe mich an Persönlichkeiten, an Kolleginnen und Kollegen, die ich in den einzelnen Ländern kenne und schätze, gewandt und um ihre Mitarbeit gebeten, und ich habe nur Zusagen erhalten; dafür möchte ich allen sehr herzlich danken. Daß die Zahl der Berichte beschränkt werden mußte, leuchtet sicherlich ein; daß die Auswahl der vertretenen Länder daher zweifellos zu Diskussionen Anlaß geben kann, ist mir von vorn herein klar gewesen; eventuelle Kritik an dieser Auswahl bitte ich an mich zu richten, da niemand anderes dafür verantwortlich ist.

Die Aufgabe, die die Einzelnen zu erfüllen hatten, war nicht leicht: Sie sollten die Situation der Fremdsprachen in ihren Ländern beschreiben, und zwar unter

besonderer Berücksichtigung der deutschen Sprache; diese Akzentsetzung ergibt
sich aus dem Anlaß, eben der Amsterdamer Tagung 1997. Alle Berichte sind in
den Monaten Dezember 1996 - Februar 1997 entstanden und erfüllen damit in
hohem Maße das Kriterium der Aktualität.

Die Aufgabe habe ich in einem Rundbrief folgendermaßen umrissen: „Ich den-
ke an kurze Beiträge zum Thema „Sprachenpolitik", Schwerpunkt „Fremdsprachen" unter.besonderer Berücksichtigung des Deutschen: Berichte über die
sprachenpolitische Situation in einem Land / einer Region; Informationen über
kürzliche oder zukünftige Entwicklungen; Erfahrungen aus der Praxis; Rolle der
sprachenpolitischen Aktivitäten, z.B. von Verbänden; Kooperation zwischen
Ministerien, Verbänden, Schulen und Lehrern; Bedarfs- und Bedürfnisorientie-
rung; Fremdsprachenunterricht und Gesellschaft usw."

Diese Definition der Aufgabe sollte eine gewisse Gemeinsamkeit ermöglichen,
als Basis für die Vergleichbarkeit, zugleich aber auch hinreichend Raum für die
individuelle Ausfüllung lassen; wenn Sie diese Berichte lesen, werden Sie sicherlich feststellen, daß diese doppelte Zielsetzung weitgehend erreicht ist, auch
wenn die Gestaltung der Textsorte "Bericht" eine breite Palette von Präsentati-
onsformen zuläßt, wie Sie sehen werden.

Die besondere Schwierigkeit bestand übrigens darin, daß die Thematik pro
Land auf ca. 3 Seiten abgehandelt werden sollte, um möglichst viele Länder „zu
Worte kommen zu lassen". Als Herausgeber habe ich, wo es aufgrund z.B. der
Einheitlichkeit in der Präsentation oder auch aus sprachlichen Gründen nötig
erschien, einige redaktionelle Änderungen vorgenommen, die aber in keinem
Falle den Inhalt berührt haben dürften.

Die vorliegenden Länderberichte zeigen die Bandbreite dessen, was man unter
„Sprachenpolitik" verstehen kann; ich würde knapp sagen, daß es letztlich um die
„Philosophie" unseres Tuns als Lehrende (und Lernende) geht und daß Sprachenpolitik, zugleich eine noch relativ junge, gleichwohl hinreichend ausgereifte
wissenschaftliche Befassung mit regelgeleitetem Handeln der Akteure geht, und,
wie gesagt, zu ihnen sollte sich jede / jeder zählen, denen der Umgang mit Sprachen am Herzen liegt. Als Linguist würde ich hinzufügen, daß dies eine Umsetzung einer Linguistik des Sprachhandelns repräsentiert, das wir nicht nur zum
Gegenstand unserer Überlegungen (im Sinne des Wahrheitsgehaltes von Propo-
sitionen) zu machen haben, sondern das die Dimension der Perlokution und damit unsere Verantwortung für das „Handeln mit dem Wort" einschließt.

Für die engagierte Aufnahme, die mein Vorschlag zu einem solchen Sammel-
band gefunden hat, und für die Veröffentlichung dieses Bandes in der Reihe
'Deutsch' möchte ich den Organisatoren der Amsterdamer Tagung und insbesondere Wolfgang Herrlitz als dem Reihenherausgeber herzlich danken.

Algerien

Kamal El Korso
Universität Es Senia
Es Senia /.Oran

Die Situation der Fremdsprachen in Algerien

1. Die Rolle der Fremdsprachen

Die Fremdsprachen haben immer eine sehr wichtige Rolle in Algerien gespielt, vor allen Dingen Französisch und Englisch. Bis zur Unabhängigkeit im Jahr 1962 war Französisch die offizielle Bildungsprache des Landes. Es gehörte zur politischen Taktik Frankreichs, die französische Sprache als Bildungssprache einzusetzen, um somit eine Annäherung an die Kultur und Lebensweise Frankreichs zu erreichen. Seit 1962 wird immer mehr Wert auf naturwissenschaftliche und technische Fächer gelegt. Eine besondere Bedeutung spielte dabei die algerische Erdölgesellschaft 'Sonatrach', die Beziehungen zum englischsprachigen Ausland hatte und eine große Anziehungskraft auf die Jugendlichen ausübte. Daher wuchs das Bedürfnis, die englische Sprache zu lernen, andere Fremdsprachen treten automatisch in den Hintergrund.

Deutsch hat das Image einer schweren Sprache, aber auch die Sprache der Technologie, der Naturwissenschaft, des Fortschritts und der blühenden Wirtschaft zu sein. Aber durch die Abschaffung der deutschen Sprache als Fremdsprache in der Mittelstufe und durch ihren Status als "Wahlfach" in den Gymnasien sinkt das sprachliche Niveau der Studenten, und die deutsche Sprache wird deklassiert als "langue mineure". Es ist möglich, dieses Image zu beeinflussen:

- durch Aufwertung des Deutschunterrichts in den Gymnasien durch Einführung eines 'Sprachenabiturs'
- durch die Abschaffung des jetzigen 'Bac-lettres' und die Wiedereinführung des Deutschunterrichts in der 'école fondamentale'
- durch Diversifizierung des Studiums, so daß nicht nur auf den Lehrerberuf vorbereitet wird, sondern auch auf Tätigkeiten in der Industrie, im Handel und im Tourismus
- durch Einführung einer zweiten Fremdsprache in der Lizenzausbildung

Motive für das Fremdsprachenlernen:

- Erweiterung des kulturellen Horizonts
- Öffnung auf die Welt
- Tourismus, Briefwechsel, Partnerschaft

- Politische, ökonomische und kulturelle Austauschmöglichkeiten und Beziehungen
- Bessere Völkerverständigung, Respekt des anderen, des Fremden, Fähigkeit, Unterschiede zu akzeptieren, Freundschaften zu schließen und Toleranz zu lernen.

Diese Faktoren gelten auch für die deutsche Sprache. Man könnte eine öffentliche Diskussion innerhalb der Schulen (Mittelschule und Gymnasium), an den Universitäten und anhand von Seminaren, Kolloquien usw. über Motive, Bedarf, Bedürfnisse für das Fremdsprachenlernen (insbesondere Deutsch) führen bzw. initiieren. Das würde für Algerien besonders wegen des Beginnes der freien Marktwirtschaft eine wichtige Initiative sein.

2. Das Sprachenangebot

Es werden viele Sprachen in Algerien unterrichtet: Französisch, Englisch, Deutsch, Spanisch, Russisch und Italienisch. Das Fach Deutsch nimmt den 4. Platz nach Französisch, Englisch und Spanisch ein, wird als 3. Fremdsprache in den Gymnasien unterrichtet und als Fach (Germanistik bzw. DaF) in den beiden Universitäten Algier und Oran gelehrt.

Man könnte diese Situation ändern, indem auf algerischer und auf deutscher Seite etwas unternommen wird:

- von algerischer Seite durch Empfehlungen bzw. Hinweise des Ministeriums, ein Gleichgewicht zwischen den Fremdsprachen herzustellen (wie es oft der Fall war)
- von deutscher Seite dadurch, daß die deutschen Institutionen intensiv für die deutsche Sprache werben und den Deutschunterricht im Ausland mit allen möglichen Mitteln fördern (DAAD, Goethe-Institut, Deutsche Botschaft)
- schließlich durch gezielte Seminare, Kolloquien usw., wo darauf hingewiesen wird, daß es keine schwere Sprache gibt, sondern nur Fremdsprachen, und wo man beweisen kann, wie der Algerier für Fremdsprachen und besonders für Deutsch begabt ist, dadurch daß Ähnlichkeiten zwischen Deutsch und Arabisch vor allem auf dem Gebiet der Phonetik bestehen.

3. Perspektiven der deutschen Sprache

Es ist notwendig, das Angebot an Fremdsprachen zu erweitern, vor allem auf Sprachen, die für wissenschaftliche und kulturelle Forschungen wichtig sind: Türkisch, Japanisch, Chinesisch; aber vorher sollen bestimmte Voraussetzungen erfüllt werden wie pädagogische Infrastrukturen, Vergabe von Stipendien, Auslandsaufenthalt, ausreichendes Angebot an Lehrmaterialien und didaktischen Lehrmedien. Deutsch wird 2 Stunden in der Woche während 2 bis 3 Jahren in den Mittel- und Oberschulen unterrichtet, aber ohne besondere Ausstattung, abgesehen von Tafel und Kreide; nicht einmal geeignete Lehrbücher sind vorhanden. Deutsch wird auch als Intensivkurs in wenigen Universitäten (CEIL: Center d'études intensives des langues) gelehrt; aber da herrscht keine Systematik, keine Koordination und keine Kontinuität, weil keine Voraussetzung für die Einschreibung verlangt wird und keine permanenten Lehrkräfte eingestellt werden.

Eine Ursache für den geringen Wert, den man auf Deutsch legt, bzw. für die geringe Zahl der Deutschlernenden ist darin zu sehen, daß bis vor kurzem von einer Anleitung der Deutschlehrer bzw. von einer Koordinierung zwischen den einzelnen Schulen und Lehrkräften gar nicht die Rede war. Von der Unabhängigkeit bis heute fehlte es an einer klaren Politik des Deutschunterrichts in Algerien. Innerhalb des Schulsystems bis 1996 wird Deutsch auf den Rang der dritten Fremdsprache gedrängt und seine Existenz nur noch als Wahlfach - "Option" - neben Spanisch, Russisch, Musik, Kunsterziehung, Sport, Informatik und islamische Wissenschaft aufrechterhalten. Die Leistungen in den Wahlfächern werden mit dem Koeffizienten 2 bewertet, die Hauptfächer in den einzelnen Zweigen tragen den Koeffizienten 5, 7 oder 8.

Deutsch kann eine gute Zukunft in Algerien genießen, wenn Zusammenarbeit und Partnerschaft zwischen Deutschland und Algerien auf kulturellem und wirtschaftlichem Gebiet existieren, denn Deutsch ist gleichbedeutend mit 'made in Germany', d.h. mit guter und präziser Technik.

4. Methoden der Vermittlung

Es ist nicht angebracht, von Arbeitsmethoden zu sprechen, wenn die elementaren pädagogischen Voraussetzungen nicht erfüllt sind und wenn keine Lehr- und Lernbücher zur Verfügung stehen. Es gibt nicht einmal ein offizielles Handbuch für Deutsch in Algerien, ganz zu schweigen von Cassettenrecordern oder anderen Medien. Zwar gibt es Sprachlabors für alle Fremdsprachen in einigen Universitäten. Es gibt keinen Lehrplan und keine einheitliche Methode. Es ist dem Lehrer überlassen, was er unterrichtet, wie er unterrichtet und mit welchem Lehrbuch bzw. welchen Texten er arbeitet.

5. Aus- und Fortbildung

Ausbildung und Fortbildung geschehen an den Universitäten und - im Laufe von Seminaren - im Ausland (Bundesrepublik Deutschland) für sehr kurze Zeit (kommt allerdings sehr selten vor und betrifft auch sehr wenige Lehrkräfte) - in Sommerkursen in Deutschland im Rahmen von Sommerseminaren für Gymnasiallehrer (auch hier ist die Zahl der Betroffenen sehr bescheiden). Die sprachliche

Weiterbildung der Lehrkräfte und Studenten in den deutschsprachigen Ländern ist sehr begrenzt. Sowohl die algerischen als auch die deutschen Institutionen sollen sich mehr und mehr für das Fach 'Deutsch' und das Lehren und Lernen der deutschen Sprache einsetzen.

Es bestehen große Schwierigkeiten, Lehrmaterial für Studenten und Spezialliteratur aus dem Ausland zu beziehen.

6. Fazit

Nur intensives Einsetzen von der Seite der deutschen Institutionen, aber auch der algerischen, kann der traurigen Situation ein Ende setzen und Verbesserungen erzielen.

Argentinien

Matilde Smirnoff und Christina Isenrath de Diaz
Instituto Intercultural
Mendoza

Fremdsprachliche Situation in Argentinien unter besonderer Berücksichtigung des Deutschen

1. Argentinien im Sprachraum des MERCOSUR

Argentinien ist im Süden Südamerikas im gemeinsamen Markt des MERCOSUR mit Uruguay, Paraguay, Bolivien und Chile (Spanisch) und Brasilien (Portugiesisch) zusammengeschlossen. Außer einigen präkolombinischen Minoritätensprachen wie Guaraní, Tupí, Araucano, Quechua, unter anderen, werden nur zwei offizielle, sehr verwandte Sprachen gesprochen, nämlich: Portugiesisch und Spanisch. Die Sprecher dieser Länder können sich auch ohne zusätzliche Sprachkenntnisse verständigen.

Es besteht daher aus der Lage her eigentlich geringer realer Bedarf, zusätzliche Fremdsprachen (FS) zu erlernen, außer der Welt- und Handelssprache Englisch natürlich. In Argentinien selbst hat sich dennoch in den letzten 150 Jahren aufgrund von Immigrationswellen verschiedener Herkunft, aus der dadurch in gewissen Gebieten entstandenen Zweisprachigkeit eine positive Einstellung gegenüber Fremdsprachen und dem Erlernen von Fremdsprachen entwickelt. Der Zugang zu europäischen Kulturmodellen wurde hauptsächlich über die traditionell stark anerkannte Bildungssprache Französisch gesucht.

Deutsche Immigrationsgruppen gründeten insbesondere im Raum des Rio de la Plata bilinguale Schulen mit Deutsch als Muttersprache, um den Interessen ihrer Kulturgruppen nachgehen zu können. Die Schülerzahlen dieser "deutschen Schulen" waren in den Gründerjahren erstaunlich hoch, z.Z. nehmen sie jedoch ab. An diese Stelle tritt nun DaF.

2. Traditionelle schulische Anforderungen

Die Struktur des Schulsystems blieb seit Ende des XIX. Jh. fast gleich. Eine nicht ausgesprochene "Sprachenpolitik" führte zu folgender Situation.
In der Primaria (7. bis 13. Lebensjahr):
- Es gab in Staatsschulen außer wenigen Ausnahmen keine FS.

- Private Schulen nahmen meistens Englisch oder Französisch als zusätzliches freies Angebot hinzu.
- Bilinguale Schulen waren frei, über die FS und das FS-Curriculum selbst zu entscheiden.

In der Secundaria (14. bis 18./19. Lebensjahr):
- In Staatsschulen in der Regel 3 bis 5 Jahre Englisch und 2 Jahre Französisch, 3 mal in der Woche 45 Minuten.

In einigen fachorientierten Schulen gab es zusätzliche Angebote.

Als Beispiel ist in dieser Hinsicht das "Conet" Projekt - DaF in technischen Schulen - zu erwähnen

Private Schulen hielten sich an diese Mindestanforderungen von drei Jahren Englisch und 2 Jahren Französisch.

Bilinguale Schulen, in der Mehrzahl englische und deutsche, waren auch in der Secundaria frei, über ihr institutionelles Angebot zu entscheiden.

3. FS ab dem neuen Erziehungsgesetz im April 1993

3.1. Die Erziehungsreform im Allgemeinen

Das Bewußtsein, daß Entscheidungen über ein FS-Curriculum von einer Sprachenpolitik abhängen, wird erst in diesen letzten 3-4 Jahren explizit. Beispiel dafür sind die verschiedensten FS-Lehrertreffen mit Diskussionen zur Sache selbst. Die FS-Politik Argentiniens ist daher zur Zeit in der Diskussion und widersprüchlich, wie die Realität einer Reform selbst. Machtgruppen machen sich bemerkbar, auch Deutsch macht Lobby, um Platz zu gewinnen.

Die Reform in Argentinien orientiert sich stark an der spanischen Reform der 80er Jahre und verändert durch Gesetz die Grundstruktur selbst des Erziehungswesens: 10 Jahre "Educación General Básica" (EGB) und dann 3 Jahre berufsorientierte "Educación Polimodal - (EP)" (siehe Graphik) Die Reform veranlaßt auch den Übergang eines stark zentralistischen Funktionierens des Systems zur Föderalisation und Demokratisierung bis hin in die Institutionen selbst. Die Reform ist stark abhängig von den geringen wirtschaftlichen Mitteln, die für einen tiefgreifenden Reformprozeß zu Verfügung stehen, aber auch eine Chance, Neues in Gang zu bringen.

3.2. FS in Reform

Zu Anfang der Reform (93/94) war FS ein Teil des Kapitels unter den Mindestinhalten "Sprache". Ab 1996 werden FS aufgewertet und in einem gesonderten Kapitel behandelt.

Offiziell wird als Mindestanforderung ab nun verlangt:

- als erste FS obligatorisch Englisch, ab dem 4. Schuljahr durchlaufend bis Ende der EP,
- spätestens ab dem 8. Schuljahr eine zweite FS, die jede Provinz entweder selbst festsetzt oder den institutionellen Entscheidungen überläßt.
- Private Schulen haben sich an die Anforderungen zu halten, dürfen aber, wie schon immer darüber hinaus, das Angebot erweitern. Es sollen aber in Zukunft gewisse Kontrollen über institutionelle Curricula und Lehrerqualifikationen eingesetzt werden, um Qualität zu sichern.

In einem langwierigen Prozeß der Expertenbefragungen und durch ein demokratisches, allzu eklektisches Zusammenbringen von Vorschlägen wird z. Zt. das Kapitel FS debattiert und ausgearbeitet. Im April 1997 soll die sog. „endgültige" Fassung des FS-Kapitels vorliegen.

Es ist evident, daß durch die Reform FS einen viel wichtigeren Raum in der staatlichen Erziehung einnehmen, wie auch in der Gesellschaft im allgemeinen in Argentinien auch, was natürlich mit der Globalisierungstendenz zu tun hat, und dann leider auch natürlich große Probleme der Organisation, Finanzierung und speziell der Lehreraus- und -fortbildung mit sich bringt. Das gilt auch für Deutsch.

4. Zukunftsperspektiven für Deutsch

Private, die "Deutschen Schulen", werden sicherlich ihr Angebot weiterhin frei halten können, vielleicht unter gewissen Kontrollen, aber auch nur insofern es auf dem Markt oder im Einflußbereich der Schule eine reale Nachfrage für DaF gibt.

Die große Chance ist nun die offizielle Einführung von DaF in das staatliche Schulsystem. In der EGB gibt es z.B. schon gute Indizien: In einer Provinz (Mendoza) gibt es eine erstmalige Einführung von DaF ab dem 5. Schuljahr in 3 Schulen ab 1997.

Die Voraussetzungen in den nächsten 2 - 3 Jahren sind gut, ein rationelles Angebot für DaF bei der Überarbeitung der Schulcurricula der EP je nach Fachorientierung zu machen.

Im Hochschulbereich werden keine Richtlinien oder Anforderungen wie für das Schulwesen gegeben. Nachfrage, Fachbereich, Institution, Lehrerangebot oder die Mittel selbst entscheiden über die Einführung von Deutsch oder nicht - wahrscheinlich wie in anderen Ländern auch.

Zusammenfassung

Rahmenrichtlinien sind klar: Erste FS Englisch plus eine zweite, so früh wie möglich. Da es provinzielle und / oder institutionelle Entscheidungen sind, die die eine, die andere oder eventuell mehrere FS an die Schüler bringen, sind z.Zt.

in Argentinien die Verbandsarbeit, Lobby, Kontakte und intensive Arbeit über die deutschen Institutionen, Botschaft und Goethe-Institut unerläßlich. Eine einmalige historische Chance, die natürlich im Rahmen der allgemeinen Lage des DaF in Südamerika weder überschätzt noch unterschätzt werden darf.

Australien

Andrea Truckenbrodt
Monash University
Melbourne

Die australische Sprachenpolitik (1)

1. Einleitung

Die Situation von Fremdsprachen in Australien hat eine interessante Geschichte (vgl. Clyne 1991a; Djit' 1994; Ozolins 1993) und eine prekäre Zukunft, wozu die folgenden wichtigen Faktoren beitragen: die geographische Lage Australiens, die Multikulturalität der australischen Gesellschaft und die Identitätsunsicherheiten der Nation. Diese Faktoren spiegeln sich in der Sprachenpolitik wider, mit dem Ergebnis, daß es sowohl positive als auch negative Einflüsse auf die Fremdsprachensituation gibt. Dieses Wechselbild gilt als Leitmotiv in der folgenden Diskussion Im ersten Teil des Artikels wird die nationale Perspektive zur Frage Sprachenpolitik dargestellt, und danach folgt eine kurze Einsicht in die Sprachenpolitik und deren Auswirkungen auf das Bundesland Victoria, in dem die Situation von Deutsch als Fremdsprache sehr positiv ausfällt.

2.0. Die nationale Perspektive

Wie bei anderen, vorwiegend englischsprachigen Ländern wird die Einstellung zum Fremdsprachenlernen von der Tatsache beeinflußt, daß Englisch eine führende Weltsprache ist. Es wird behauptet, daß man in der Welt mit Englisch gut zurechtkommt. Erst in den letzten Jahren ist die Mehrheit der Bevölkerung vom Wert der Fremdsprachenkenntnisse überzeugt. Gleichzeitig kommt eine gewisse Naivität dem Erwerbsprozeß gegenüber hinzu. Die Rahmenbedingungen, die zur Förderung von hoher Sprachkompetenz führen sollen, werden weder von dem Durchschnittsbürger noch von Politikern und Bürokraten verstanden. Dieser Verständnismangel stellt eine große Gefahr für das Fremdsprachenlernen in Australien dar.

Für ein geographisch abgelegenes Land genießt Australien als stolze Einwanderernation ein reiches Angebot an Fremdsprachen, das aus über 250 Sprachen besteht (Clyne 1991a: 1). Laut der Volkszählung von 1991 benutzen etwa 14,8 Prozent der australischen Bevölkerung eine Sprache außer Englisch (LOTE)(2) zu Hause. Der Gebrauch von Fremdsprachen innerhalb anderer Domänen wie zum Beispiel bei der Arbeit wurde nicht gemessen. Demzufolge ist anzunehmen, daß ein noch höherer Anteil der Einwohner und Einwohnerinnen über gute Fremdsprachenkenntnisse verfügt. So zeigen sich die ersten Spuren des zwiespältigen Bildes. Einerseits verfügt das Land über sogenannte natürliche Resourcen, was das Fremdsprachengut betrifft, anderseits ist die Motivation zum Fremdsprachenlernen erst seit kurzem so stark und weit verbreitet(3). Es stellt sich die Frage, ob die Basis für diese positive Motivation ernsthaft oder ein Modetrend ist.

2.1. Die politische Situation

Zu den positiven Faktoren der Situation von Fremdsprachen in Australien gehört die seit 1987 existierende, explizite nationale Sprachenpolitik (Lo Bianco 1987) in Form von Rahmenrichtlinien, die unter anderem die Bildungspolitik bezüglich Fremdsprachen bestimmen. Die Veröffentlichung dieses Dokuments wurde als Zeichen gesehen, daß die Situation von Fremdsprachen in Australien besondere Beachtung verdiene. In dem ursprünglichen Dokument wurden Fremdsprachen ein gleicher Stellenwert wie Englisch eingeräumt; es wurde für die Notwendigkeit der Spracherhaltung plädiert, sowohl für die Einwanderer und ihren Nachwuchs als auch für die Ureinwohner Australiens; als drittes Prinzip wurde die Wichtigkeit des Fremdsprachenlernens für alle australischen Einwohner und Einwohnerinnen hervorgehoben. Als Folge des letztgenannten Prinzips bekamen Fremdsprachen zum ersten Mal einen gesicherten Platz in dem Curriculum aller Schulen einschließlich der Primarschulen.

Noch wichtiger als eine existierende Sprachenpolitik waren die Gelder, die zur Verfügung standen, um die Prinzipien der Sprachenpolitik zu verwirklichen. Es konnte zum Beispiel ein multilokales nationales Sprachinstitut gegründet werden, das Sprachlehrforschung betreibt (Lo Bianco 1996: 1); Schulen, deren Schüler und Schülerinnen eine Fremdsprache bis zum Abitur lernten, bekamen einen finanzellen Zuschuß; Universitäten konnten mehr Auslandsaufenthalte für ihre Studierenden anbieten und es wurde staatlich finanzierte Fortbildungsmöglichkeiten für Sprachenlehrer und -lehrerinnen angeboten. Wie man aus dem Tempusgebrauch feststellen kann, hat sich diese äußerst positive politische Lage geändert. Es gibt noch viel Positives hinsichtlich der Situation Fremdsprachenlernen in Australien, aber es gibt Hinweise auf einen Orientierungswechsel. Dieser Orientierungswechsel könnte dazu führen, daß die Leistungen der letzten Jahren für nichtig erklärt werden, und daß der Aufwind, der das Sprachenlernen in der Öffentlichkeit erhalten hat, abzuflauen droht. In bezug auf die australische Sprachenpolitik scheint Clynes Frage „Are we going backwards?" (1991b) berechtigt.

Rhetorisch steht die Regierung 100% dahinter, daß mehr Fremdsprachen gelernt und studiert werden, aber die befürwortende Argumentation hat sich geändert. Sie ist enger und weniger liberal geworden. Heutzutage wird die Wichtigkeit von mündlichen und schriftlichen Englischkenntnissen wieder besonders betont. Das ist am deutlichsten an dem Titel, der revidierten Rahmenrichtlinien zu erkennen. Früher hießen sie die „National Policy on Languages" und wurden durch ein anderes Dokument ersetzt, das den Titel trägt: „Australia's Language - The Australian Language and Literacy Policy" (DEET 1991). Der multilinguale Charakter der australischen Bevölkerung, der durch den Gebrauch von der Pluralform „ Languages" verdeutlicht wurde, wurde „ Australiens Sprache" untergeordnet, und das heißt natürlich Englisch. Die Rechtfertigung für das Erlernen einer anderen Sprache konzentriert sich in letzter Zeit auf die mutmaßlichen wirtschaftlichen Vorteile, die die Fremdsprachenkompetenz mit sich bringen wird. Es wird behauptet, daß Geschäftsleute Fremdsprachenkenntnisse brauchen, um auf wirtschaftlicher Ebene konkurrenzfähig zu sein. Frühere Argumente wie kulturelle und individuelle Bereicherung, sowie die Förderung von sozialer Gerechtigkeit sind leider Nebensache geworden. Die offizielle Betonung der wirtschaftlichen Argumente für das Fremdsprachenlernen hat positive und negative Auswirkungen. Der Zuwachs an Teilnehmern für asiatische Sprachen, vor allem Japanisch, ist enorm. Auf der anderen Seite stehen Klassikabteilungen an Universitäten mit ihrem Angebot an Alten Sprachen in ständiger Gefahr, geschlossen zu werden. Der Gesamteffekt ist, daß das Fundament für die Motivation zum Fremdsprachenlernen dadurch geschwächt wird. Eine weitere sprachpolitische Entscheidung, die mit etwas Unruhe aufgenommen wurde, war die sogenannte Prioritätssprachenpolitik (Fernandez et al. 1993). Als finanzielle Rationalisierung wurde entschieden, die Anzahl der Sprachen, die gefördert werden und besondere Unterstützung verdienten, auf vierzehn zu beschränken. Obwohl es nicht beabsichtigt war, führte diese Entscheidung zu einer Rangordnung innerhalb der Fremdsprachen (Clyne 1991b: 19), denn Prioritätssprachen hatten finanzielle Vorteile

Zur Zeit gibt es eine weitere Unterteilung von verschiedenen Fremdsprachen in asiatische und europäische Sprachen. Die meisten Länderregierungen versuchen ein Gleichgewicht zwischen asiatischen und europäischen Sprachen herzustellen. Aber in Westaustralien zum Beispiel hat die Landesregierung das Ziel gesetzt, daß im Jahre 2000 60% aller Schulkinder eine asiatische Sprache lernen und 40% eine europäische Sprache. Solche Entscheidungen deuten an, daß asiatische Sprachen von größerer Bedeutung sind als europäische Sprachen. Die Statusunterschiede von verschiedenen Fremdsprachen haben dazu geführt, daß asiatische Sprachen von vielen Schulen und Schülern bevorzugt werden, auch wenn das nötige Personal nicht vorhanden ist. Eine solche Unterteilung läßt auch keinen Platz für andere wichtige Sprachen wie die Sprachen Afrikas und der Länder des Mittleren Ostens. Die Staats- und länderregierungen Australiens haben sich mit viel Enthusiasmus anspruchsvolle, aber unrealistische Ziele für ihre Sprachpolitik gesetzt. Victoria hat sich zum Beispiel vorgenommen, daß bis zum Jahre 2000 alle Schulkinder von Klasse Prep(4) bis 10 an einem Sprachprogramm teilnehmen sollen. Es herrscht aber ein enormer Mangel an ausgebildeten Lehrkräften besonders für asiatische Sprachen (Australian Language and Literacy Council 1996). Die Lösungen, die gefunden werden mußten, um den Bedarf an Lehrkräften zu decken, sind nicht immer ideal. Schlechte Sprachenprogramme sind keine gute Werbung für das Erlernen einer Fremdsprache.

3.0. Die Perspektive Victorias

Das Bundesland Victoria hat über 3 Millionen Einwohner und ist damit das zweitgrößte Bundesland Australiens. Es hat seine eigene Sprachenpolitik (z. B. Board of Studies 1995) und eine gute Infrastruktur für das Erlernen von Fremdsprachen. 1995 wurden 18 verschiedene Fremdsprachen in Primarschulen unterrichtet, 17 in Sekundarschulen, 41 durch die Victorian School of Languages(5), 7 durch Satellitenunterricht und 51 Fremdsprachen wurden von ethnischen Organisationen angeboten (Directorate of School Education 1996: 3). 43 verschiedene Fremdsprachen wurden 1996 als Abiturfach angeboten. Deutschunterricht hat eine lange Tradition in Victoria (Clyne 1981; Fernandez et al 1993) und wird von allen Bildungsinstitutionen angeboten, denn Deutsch gehört zu Victorias acht Prioritätssprachen. Germanistik kann man an den zwei größten Universitäten im Bundesland studieren. Das Förderungsnetzwerk für victorianische Deutschlehrende ist besonders begünstigt und effektiv. Das Goethe-Institut in Zusammenarbeit mit dem Deutschlehrerverband (Association of German Teachers of Victoria) bietet Fortbildungsseminare an, produziert Unterrichtsmaterialien und eine Lehrerfachzeitschrift (Szene) und organisiert Austauschprogramme für Deutschlernende und -lehrende. Es gibt auch einen Fremdsprachenlehrerverband (Modern Language Teachers' Association), der auch Mitglied in der Australian Federation of Modern Language Teachers' Associations (AFMLTA) ist. Das Ergebnis ist, daß victorianische Deutschlehrer und -lehrerinnen eine fachlich sehr gut versorgte, enge Gemeinschaft bilden. Trotz dieses äußerst positiven Bildes der Situation DaF in Victoria gibt es auch eine Schattenseite. Aus Lehrermangel kommt es öfter als gewünscht vor, daß Lehrende ohne ausreichende Sprachkenntnisse oder Fachausbildung in Fremdsprachendidaktik und -methodik trotzdem eine Fremdsprache unterrichten müssen. Obwohl der vom Bildungsministerium hochgeschätzte Satellitenfremdsprachenunterricht gute Möglichkeiten als Zusatzmaterial bietet, ist er kein Ersatz für den echten Spracherwerb, denn der Deutschinput beschränkt sich auf zwei halbstündige Sendungen mit geringen Interaktionsmöglichkeiten(6). Es muß sich erst noch zeigen, ob solche „Sprachenprogramme" eine ausreichende Grundlage für das Erlernen einer Sprache sind, und was geschehen wird, wenn das Versprochene nicht geliefert wird.

Das letzte erwähnenswerte Problem, das Einfluß auf die Situation des Fremdsprachenunterrichts hat, ist der Lehrerberuf an sich. Der Beruf ist nicht beliebt
bei Absolventen und Absolventinnen, und die Tendenz, aus dem Beruf auszustei-
gen, ist bei Fremdsprachenlehrenden größer als bei anderen Lehrenden (Nicholas
et al. 1993).

4.0. Zusammenfassung

In der Einleitung wurde auf die prekäre Zukunft für das Fremdsprachenlernen
hingewiesen. Die beitragenden Faktoren wurden in der daraufhin folgender Diskussion erwähnt und erläutert. Es wurden Zweifel über die erneute Motivation
zum Fremdsprachenlernen ausgedrückt. Man stellte die Dauerhaftigkeit der Motivation in Frage, besonders da die momentane Argumentation der wirtschaftlichen Gesichtspunkte in den Vordergrund stellt. Es wurde festgestellt, daß es
einen weit verbreiteten Verständnismangel für die notwendigen Rahmenbedingungen des Zweitspracherwerbs gibt. Ein Beispiel davon war die Errichtung von
unrealistischen sprachpolitischen Zielen, die zu mangelhaften Kompromißlösun-
gen geführt haben, was das Angebot an gutem Sprachunterricht betrifft. In der
Situation des Bundeslandes Victoria hat man gesehen, daß trotz einer günstigen
Infrastruktur für den Fremdsprachenunterricht, der Beruf des Sprachenlehrers
nicht beliebt sei. Es ist somit unsicher, woher die nächste Generation von Spra-
chenlehrern und -lehrerinnen kommen soll.

Bibliographie

Australian Language and Literacy Council. 1996. *Language Teachers: The Pivot of Policy.* Canber-
ra: Australian Government Publishing Service.
Barko, I. 1996a. A history of language education in universities: the background (1853-1965*).
Australian Language Matters* 4/1: 6-7.
Barko, I. 1996b. A history of language education in universities: the recent past and today. *Australi-
an Language Matters* 4/2: 6-7.
Board of Studies. 1995. *Curriculum and Standards Framework: Languages Other Than English
(LOTE).* Carlton, Victoria: Board of Studies.
Clyne, M. G. 1981. *Deutsch als Muttersprache in Australien.* Wiesbaden: Franz Steiner Verlag.
Clyne, M. G. 1991a. *Community languages: the Australian experience.* Cambridge: Cambridge
University Press.
Clyne, M. G. 1991b. Australia's Language Policies: Are we going backwards? *Current Affairs
Bulletin* 68/6: 13-20.
DEET (Commonwealth Department of Employment, Education and Training). 1991. *Australia's
Language: The Australian Language and Literacy Policy.* 2 Volumes. Canberra: Australian Go-
vernment Publication Service.
Directorate of School Education. 1995. *Languages Other Than English in Government Schools.*
Melbourne: Directorate of School Education.

Djit', P. G. 1994. *From Language Policy to Language Planning*. Deakin, ACT: National Languages and Linguistics Institute of Australia.

Fernandez, S., Pauwels, A. and M. Clyne. 1994. *Unlocking Australia's Language Potential: Profile of 9 Key Languages in Australia*: Volume 4 - German. Deakin, ACT: National Languages and Literacy Institute of Australia.

Lo Bianco, J. 1987. *National Policy on Languages*. Canberra: Australian Government Publications Service.

Lo Bianco, J. 1996. What"s in a name? Australian Language Matters 4/4: 1.

Nicholas, H., Moore, H., Clyne, M. and A. Pauwels. 1993. Languages at the Crossroads. East Melbourne: National Languages and Literacy Institute of Australia.

Ozolins, U. 1993. The Politics of Language in Australia. Cambridge: Cambridge University Press.

Anmerkungen

(1) Ich möchte mich bei Christiane Momberg, Graham Parkin und Jim Stockigt für ihre hilfreichen Kommentare zu früheren Entwurfen des Textes bedanken.

(2) In Australien wird der Gebrauch von dem Terminus „foreign language" wegen seiner leicht negativen Konnotationen vermieden. Bevorzugt wird das Akronym „LOTE", das für „Languages other than English" steht.

(3) Clyne (1991a) und Barko (1996a; 1996b) gehen näher auf dieses Thema von der historischen Perspektive ein.

(4) Das erste von sieben Jahren, das australische Schulkinder in der Grundschule verbringen.

(5) Eine Institution, die Samstagvormittags und nach der normalen Schule Fremdsprachenklassen anbietet.

(6) Bei jeder Sendung hat eine ausgewählte Schule die Gelegenheit, eine kurze Zeit mit den Moderatoren per Telefon zu sprechen. Alle Schulen können per Fax kommunizieren.

Brasilien

Paulo S. Xavier de Oliveira
Universität Campinas
Campinas

Deutsch in der Sprachenpolitik Brasiliens

1. Fremdsprachen in Brasilien und seinen Regionen

Da Brasilien ein sehr großes und sehr heterogenes Land ist, scheint es angebracht, vor jeglicher Charakterisierung auf einige Spezifika hinzuweisen, die auf
die Stellung des Deutschen in den verschiedenen Regionen Auswirkung haben.
Man könnte eine grobe Einteilung in Süden, Südosten und übrige Bundesstaaten
machen. Dabei sind maßgebende Faktoren die deutsche Einwanderung im Süden
und die starke Präsenz deutschstämmiger Firmen im Südosten, v. a. im Bundes-
staat São Paulo - im übrigen Land sind keine besonderen Merkmale zu nennen.
Eine Differenzierung dieses Bildes und der folgenden knappen Ausführungen
ließe sich anhand einiger neuerer Publikationen gewinnen, welche den Stand
einer neuerdings regen sprachpolitischen Diskussion in Brasilien - insbesondere
in Bezug aufs Deutsche - wiedergeben. Zu erwähnen wären u.a. die vom Goethe-
Institut herausgegebene Broschüre „A lingua alemã no Brasil" (1995) und die
Annalen des III. Brasilianischen Deutschlehrkongresses (1996), herausgegeben
vom Dachverband der Deutschlehrer Brasiliens (ABRAPA). Unterscheiden
müßte man auch zwischen den verschiedenen Modalitäten des Fremdsprachunter-
richts: in der Schule (und hier wiederum in privaten vs. öffentlichen Bereich), in
den Hochschulen und in außeruniversitären Institutionen, v. a. der Erwachsenenbildung.

Aufgrund der Regionalspezifika sind die Gründe, warum man Deutsch lernt,
und die Form, wie gelernt wird, sehr unterschiedlich. Im Süden gilt Deutsch noch
immer als Sprache der Einwanderer, der Vorfahren, und wird aus kulturellen
Gründen gelernt, neben der pragmatischen Motivation, die mit wirtschaftlichen
oder wissenschaftlichen Zielen verbunden sein mögen. Hier spielt Deutsch im
Schulbereich eine wesentliche Rolle, v. a. in privaten, konfessionellen Schulen,
aber auch im öffentlichen Schulsystem. Dadurch wird die Nachfrage in den sogenannten Sprachinstituten schwächer. Die Situation im Hochschulbereich ist in
groben Zügen mit dem Rest des Landes vergleichbar. Im Südosten ist die Lage
genau umgekehrt: auch wenn es relativ viele private Schulen mit Deutsch im
Curriculum gibt, spielt nur Englisch eine wirkliche Rolle im öffentlichen Schulbereich, der für etwa 70 bis 80% der Schülerzahlen im ganzen Land aufkommt.

Zusammen mit der starken Nachfrage von Handel und Industrie nach Mitarbeitern /-innen mit Deutschkenntnissen führt diese Schulstruktur zu einer gewichtigeren Rolle der Sprachinstitute und z.T. auch der Hochschule. Im übrigen Land wird Deutsch in erster Linie im Hochschulbereich und in einigen teils von Deutschland unterstützten Kulturinstituten gelernt.

2. Methodik und Didaktik

Was die Methodik in der Fremdsprachendidaktik im allgemeinen angeht, läßt sich behaupten, daß Brasilien den gängigen internationalen Trends folgt: Man bewegt sich im Rahmen des kommunikativen bis postkommunikativen Ansatzes, versucht sich z.T. mit Fachkursen und gibt vermehrt Acht auf die neuen Medien. Dabei wird oft mit importierten Lehrmaterialien gearbeitet, was schon zuweilen zu Disparitäten in Bezug auf die örtlichen Gegebenheiten führen kann. Andererseits gibt es kaum örtliche Lehrmaterialien, die z.B. in der Aufmachung und sonstiger Attraktivität mit den importierten Lehrwerken konkurrieren könnten. Betrachtet man nun die Widersprüche, die mancherorts erlebt werden, dürfte man sie wohl nicht als besonders "inländisch" sehen. So lehrt man z. B. im Süden in den von der Zentralstelle für das Auslandsschulwesen (Deutschlands) unterstützten Schulen mit vorwiegend kommunikativen Lehrmaterialien (Wer? Wie? Was?), aber ausschlaggebend für das Weiterkommen der Schüler /-innen sind die gerade nicht nach kommunikativem Muster konzipierten deutschen Prüfungen wie ZDP und DSD (I und II). In einem weiteren Sinne stößt aber die allgemeine Fremdsprachendidaktik doch auf einige spezifischen Einschränkungen des brasilianischen Kontexts: Aufgrund ungenügender Ausbildung der Lehrkräfte und oft prekärer materiellen Bedingungen in den Schulen ist der Fremdsprachenunterricht im öffentlichen Bereich sehr mangelhaft, und vom Ansatz her eher traditionell.

3. Aus- und Fortbildung der Lehrkräfte

Damit verbinden sich andere Fragenkomplexe, wie die Möglichkeiten zur Aus- und Fortbildung, der Mangel an Lehrern und Lehrerinnen aufgrund des niedrigen Prestiges und der schlechten Bezahlung des Berufes, die konkreten Grenzen, die einer Sprachenpolitik gesetzt sind, und die möglichen bzw. sinnvollen Strategien zu einer Verbesserung des Fremdsprachenangebots unter Mitberücksichtigung des Deutschen.

Die schlechten Berufsperspektiven der Fremdsprachenlehrkräfte führen zu derzeit widersprüchlichen Situationen: Während in der größten und wichtigsten universitären Ausbildungsstätte für Deutsch, der Staatsuniversität São Paulo (USP), ein Großteil der Studierenden nach anderen Perspektiven als dem Lehrerberuf trachten, fehlen im Süden DaF-Lehrkräfte für den Schulbereich. Dazu kommt, daß die Hochschulabgänger /-innen oft mangelhafte Sprachkenntnisse haben, aufgrund eines Fehlens voruniversitärer Bildung, das nicht während des Studiums nachgeholt werden konnte. Infolgedessen haben sich - teils durch deutsche Institutionen, teils in deutsch-brasilianischer Kooperation - seit Ende der 70er Jahre (3) Fortbildungsstätten gebildet, die eine sprachliche und methodisch-didaktische Fortbildung anbieten. Mit einer Ausnahme werden diese Lehrgänge jedoch nicht offiziell anerkannt, auch wenn sie durchaus marktwirksam sind. Ähnlich verhält es sich mit der Sprachwerbung, die in erster Linie durch in Brasilien tätige deutsche Institutionen - unter Mitarbeit der Deutschlehrerverbände - betrieben wird, wie z. B. im Rahmen einer großen deutsch-brasilianischen Wirtschaftsmesse (FEBRAL) 1995.

4. Motive für das Erlernen von Fremdsprachen

Warum lernt man aber überhaupt Fremdsprachen in Brasilien, in einem so gut wie einsprachigen kontinentalen Land? Deutsch spielte neben Italienisch und Japanisch eine Rolle als wichtige Einwanderersprache, Französisch war lange Zeit die Sprache eines kulturellen Modells. Verdrängt wurde Französisch nach und nach vom Englischen, das heute unangefochten weit an der Spitze liegt. Danach streiten sich Deutsch und Französisch um den zweiten Platz, mit teils lokalen, teils zeitlichen Schwankungen. Infolge der Gründung des südamerikanischen Gemeinschaftsmarktes Mercosur bekam neuerdings das früher fast ignorierte Spanische einen deutlichen Aufschwung, was zu einer Nachfrage führte, die mangels ausgebildeter Lehrer /-innen und passender Lehrmaterialien kaum gedeckt werden kann. Mit Englisch als lingua franca von Handel und Wissenschaft an erster Stelle und der Bestimmung des zweiten Platzes vornehmlich als Folge wirtschaftlichen Entwicklungen läßt sich vermuten, daß in Brasilien pragmatische Gründe der wichtigste Entscheidungsfaktor für das Erlernen einer (zweiten) Fremdsprache sind. Dies erklärt auch das vermehrte Angebot von Fremdsprachen in Kursen für Hörer aller Fakultäten in den Hochschulen, als eine Art Pendant zu den außeruniversitären Sprachinstituten.

5. Perspektiven

Eine Möglichkeit zur Änderung dieser Gesamtlage könnte sich mit der Einführung des seit Jahren diskutierten neuen Bildungsrahmengesetzes ergeben, das noch im Jahr 1997 vom Parlament verabschiedet werden soll. Bisher waren die Schulen zum Angebot einer Fremdsprache verpflichtet, mit der Möglichkeit einer zweiten Fremdsprache als Wahlfach. In der Praxis führte das zur Etablierung vom Englischen als obligatorischer Fremdsprache, mit sehr seltenen, regional

begrenzten Ausnahmen. Im Rahmen der I. Nationalen Fachtagung Fremdsprachenpolitik im November 1996 wurde von Fachleuten und Vertreter /-innen von
Fremdsprachenlehrer-verbänden ein gemeinsames Konzept erarbeitet, das im
neuen Schulrahmengesetz mittels Lobbyarbeit berücksichtigt werden soll. Demnach soll das Erlernen einer Fremdsprache neben pragmatischen Gründen vor
allem eine bildende Funktion haben: Man versteht sich selbst besser, indem man
in Kontakt mit dem Anderen kommt. Als Grundprinzip soll die Wahlmöglichkeit
gelten: Für die eine obligatorische Fremdsprache (ab der 5. Klasse) sollen zwei
Fremdsprachen zur Auswahl stehen, genauso wie für eine weitere Fremdsprache
als Zusatzfach. Dabei bleibt Aufgabe der Schulgemeinschaft (unter Mitwirkung
der Eltern), zu bestimmen, welche Sprachen in das Angebot aufgenommen werden sollten. Gesetzt den Fall, daß die schulrechtlichen Erneuerungen tatsächlich
in diese Richtung gehen, sind die Perspektiven für eine grundsätzliche Änderung
der oben kurz geschilderten Situation sehr groß.

Wie dem auch immer sei, gilt als sicher, daß eine veränderte Fremdsprachenpolitik in Brasilien mit vermehrter Berücksichtigung nichthegemonischer Sprachen, worunter auch Deutsch einzuordnen ist, nur auf der Basis der Kooperation
mit anderen Fremdsprachen zu erreichen ist. Neben dieser Tendenz zur inter-
sprachlichen Kooperation zeichnet sich bei uns auch die Notwendigkeit der Differenzierung der Begriffe "Deutsch" und "Deutschlernen" überhaupt ab. Dabei
spielen andere deutschsprachige Länder sicher eine Rolle, aber auch die besonderen Interessen und Ausgangslagen von Deutschlernen in unserem Land, denen ein
monolithisches Verständnis von Sprache, Kultur und Lernzielsetzungen keines-
wegs zugute kommt. Daß wir uns schon auf dem richtigen Weg befinden, ist
Grund zu einem verhaltenen Optimismus.

Chile

Günther Mornhinweg
Universidad de Concepción
Concepción

Schulsprachen in Chile

Vor kurzem ist in Chile von den Schulbehörden im Zuge der allgemeinen Schulreform entschieden worden, daß Englisch als einzige Fremdsprache zum Pflichtkanon der zwei letzten Schulklassen der Educación Básica (1. bis 8. Klasse) gehören soll. Andere Fremdsprachen werden zwar von "bilingualen" Schulen weiter angeboten, sie bilden jedoch die Ausnahmen.

Am Kanon der Oberschule (9. - 12. Klasse) wird weiterhin noch gearbeitet, jedoch gibt es nach letzten inoffiziellen Hinweisen wieder Hoffnungen, daß hier zwei Fremdsprachen verbindlich werden, davon wenigstens eine wählbar. Das sind die bisher mageren Resultate jahrelanger Bemühungen von Persönlichkeiten der Kultur und der Wissenschaft, aber auch der Politik und der Wirtschaft, die sich zusammen mit Linguisten und Französisch- und Deutschlehrerverbänden um eine großzügigere Sprachenpolitik im Schulbereich bemühen.

Eine klare, explizite Sprachenpolitk, oder besser Fremdsprachenpolitik, gibt es in Chile weiterhin nicht. "Chile ist so schrecklich einsprachig", sagte neulich ein chilenischer Linguist, der über längere Zeit in Kanada gelebt hat. Vielleicht hängt das geringe Interesse für Sprachen damit zusammen. In der Tat hört man von der peruanischen Grenze im Norden bis zum extremen Süden überall das gleiche Chilespanisch, mit für den Laien kaum hörbaren Varianten. Auch in den indianischen Minderheitsgruppen wird - soweit die eigene Muttersprache noch verwendet wird - natürlich auch Spanisch gesprochen.

Für jeden Chilenen ist es eine Selbstverständlichkeit, mit "seiner" Sprache jede Situation zu meistern. In den Nachbarländern klingt sie zwar ein wenig anders, aber auch hier ist die Kommunikation dadurch nicht gestört. Über die Weltsprache Spanisch kann er mit dem Rest der Welt verbunden bleiben. Inzwischen braucht man in vielen Berufen auch Englisch, aber nur wenige beherrschen es wirklich.

Seit der Kolonialzeit und noch viele Jahrzehnte später waren andere Sprachen als Spanisch in Chile noch ein Privileg kleiner Eliten, Mitte des 19. Jahrhunderts auch die Eigenart nichtspanischsprechender Einwanderer, die aber allmählich alle die Landessprache erwarben und ihre Heimatsprache in den meisten Fällen früher oder später aufgaben.

Erst mit der Strukturierung der Sekundarschule (Lyzeum) nach europäischen Vorbildern erhielten Fremdsprachen als Schulfächer einen festen Platz als Teil der allgemeinen Bildung, die sich diese Schulen zum Ziel setzten. Die Verbreitung dieser Sekundarschule in der ersten Hälfte unseres Jahrhunderts führte dazu, daß landesweit die Jugendlichen, die diese Schulen besuchten, in Kontakt mit Französisch, Deutsch und Englisch kamen, von welchen allerdings Deutsch in den 40er Jahren durch verschiedene Maßnahmen zurückgedrängt wurde und sich später nur mühsam einen kleineren Platz in Konkurrenz mit Französisch zurückerobern konnte.

Erneute Bemühungen des Staates in den 60er Jahren um die Verbreitung des Schulbesuches bis zur 12. Klasse können inzwischen als erfolgreich bezeichnet werden: Die große Mehrheit schließt heute die Schule ab. Der quantitative Zuwachs mußte aber mangels ausreichender Mittel und geeigneter Umgestaltung der Schule auf diese neue Realität mit einem spürbaren qualitativen Rückgang bezahlt werden. Auch der Sprachunterricht wurde weniger effektiv, so daß der Eindruck entstand, es sei wohl besser, "eine Sprache richtig und nicht zwei halb" zu lernen. Laut dieser Parole und unter finanziellem Druck wurde die zweite Fremdsprache vom Stundenplan gestrichen, so daß zur Zeit - mit seltenen Ausnahmen - nur noch Englisch erteilt wird.

Seit einigen Jahren ist man sich der Schwächen des allgemeinen Schulwesens bewußt und will ihnen mit einer neuen "Reforma Educacional" entgegentreten. Die "neue Schule" wird als wichtige Säule für den individuellen und den allgemeinen Fortschritt gesehen und soll sich an den Bedürfnissen der heutigen Gesellschaft orientieren. Da jedoch primär auf unmittelbar verwendbares Wissen und Können für Arbeit oder Studium hingestrebt wird, ist es "fast selbstverständlich", daß man auf mehrere Fremdsprachen verzichtet und einen "guten, praktischen" Englischunterricht vorschlägt.

Nur schwer läßt sich in einem Land, das sich gerade mit Erfolg bemüht, seine Wirtschaft in den Weltmarkt zu integrieren und die Armut zu bekämpfen, für eine langfristige Kultur- und Sprachenpolitik eintreten. Der starke kulturelle Einfluß der US-amerikanischen Kultur macht es nicht leichter.

Die Diskussion geht aber weiter. Vielleicht gelingt es doch, mit einem Fremdsprachenunterricht in mehr als einer Sprache an allen öffentlichen Sekundarschulen wieder an die alten Kulturtraditionen des Landes und gleichzeitig auf die neuen Tendenzen zur Mehrsprachigkeit und zur interkulturellen Integration anzuknüpfen.

China

Zongde Hua
Germanistik / Linguistik
Universität Nanjing
Nanjing

Die Situation der Fremdsprachen in China, insbesondere des Deutschen: Appell für einen gebührenden humanistischen Wert des Germanistikstudiums in China

1. Fremdsprachen im heutigen China

Die wirtschaftlich-politische Realität in den letzten Jahren erschüttert die kulturelle Hochburg, die die Hochschulbildung vor dem Marktdruck schützen sollte, besonders in den Entwicklungsländern wie in China, d.h. auch das chinesische Deutschstudium ist mit dieser Herausforderung konfrontiert. Sollte es sich am Überlieferten festklammern oder Reformen durchführen, um in der Konkurrenz weiter existieren zu können? Sollte es Bewahrung oder Umbruch sein?

In den letzten 10 Jahren tendiert das Deutschstudium in China zu einem Paradigmenwechsel:

Aus politischen und wirtschaftlichen Gründen weist es mittlerweile einen starken Trend zum Pragmatismus auf. Man muß zugeben, daß es ja einen Fortschritt bedeutet, denn im praxisorientierten Deutschunterricht werden den Studierenden einerseits fachsprachliche Kenntnisse und andererseits einschlägiges Fachwissen vermittelt. Aber man soll diese Umorientierung nüchtern einschätzen und ihre Schatten nicht außer acht lassen.

Dadurch, daß zu viele Fachsprachen-Kurse wie "Technisch-wissenschaftliches Deutsch", "Wirtschafts- und Handelsdeutsch", "Deutsche Konversation für den Außenhandel", "Deutsch im alltäglichen Schriftverkehr" usw. in den Lehrplan aufgenommen wurden, hat der Literaturunterricht als eine der Grundlagen des Deutschstudiums seinen gebührenden Platz verloren. Literatur ist im Hinblick auf den Hochschulunterricht von peripherer Bedeutung und auf ein Minimum reduziert. Das ist auf folgendes zurückzuführen:

2. Bedürfnisorientierung

Vom Berufsziel her gesehen steht die mündliche und schriftliche Beherrschung des Deutschen im Vordergrund, da die meisten Absolventen eines Germani-

stikstudiums Dolmetscher oder Übersetzer in der Industrie, bei Behörden, in
Firmen oder im Tourismus werden, daher für Literatur wenig Interesse zeigen.

Beruf der Germanistik-Absolventen der Universität Nanjing

Jahrgang	1994	1995	1996
Zahl d.Absolventen	16	15	13
Industrie	3	3	4
Behörden	4	5	4
Firmen	5	2	3
Tourismus	1	1	0
Lehrtätigkeit od. Magisterstudium	3	4	2

3. Keine richtige Einschätzung der Bedeutung des Literaturunterrichts

Unter den Lehrern und Studenten ist es gang und gäbe, daß das Deutschstudium
nichts beinhaltet, als sich die deutsche Sprache anzueignen, und daß die Kommunikation nur auf das Alltagsleben beschränkt ist, ohne zu wissen, daß ohne Literatur der Deutschunterricht und eine gelungene Kommunikation kaum auskom-
men können.

4. Dominanz von nichtliteraturorientiertem Unterricht auf dem Stunden-plan

Die Studenten des 4. Jahres (des letzten Studienjahres) haben insgesamt 16 Wochenstunden, darunter nur 4 Stunden für ausgewählte Literatur, aber für Englisch
auch 4 Stunden, für Zeitungslektüre, Video und Dolmetschen je 2 Stunden (nach
dem Stundenplan für das Germanistikstudium, Universität Nanjing, Sommerse-
mester 1997).

Im Deutschunterricht zuviel Wert auf Literatur, besonders klassische Literatur
zu legen, ist nicht zu empfehlen, denn das hat zur Folge, daß die Studenten
sprachlich mehr rezeptiv als produktiv ausgebildet werden. Wir haben dabei
negative Erfahrungen gemacht, aber damit ist nicht gemeint, daß wir den Literaturunterricht verneinen, auch nicht, daß wir die Literatur aus dem Unterricht
ausschließen möchten. Es kommt darauf an, dem Literaturunterricht seinen gebührenden Platz zuzuweisen, ihn weder zu verabsolutieren noch zu tabuisieren.

Wir treten für einen hohen Stellenwert des Literaturunterrichts ein, weil die
Literatur im Deutschunterricht unentbehrlich und auch förderlich ist, nicht nur
wegen ihrer Informations- und Spracherwerbsfunktion, was an und für sich
durchaus legitim ist, auch nicht nur deswegen, weil dadurch der Horizont der

Studierenden erweitert, ihre Analysefähigkeit entwickelt und auch ihr Bewußt-
seinswandel positiv beeinflußt werden kann, sondern wir legen viel Wert darauf,
daß der Literaturunterricht für den Aufbau der geistigen Kultur auch notwendig
ist, welche zur Allgemeinbildung gehört, und wir sollen den Studierenden auf
dem Weg in ihr Berufsleben alles geben, was ihrer Entwicklung förderlich sein
kann.

Borcherts Erzählung "Brot" mag als Beispiel dienen. "Die Helden dieser Geschichte sind recht alltäglich. (...) Und der "Streitwert" ist gering: eine Scheibe
Brot. Die Erzählung ist kurz und kühl. Und doch ist das ganze Elend und die
ganze Größe des Menschen mit aufgenommen."

Notwendige Praxisorientierung sollte nicht bedeuten, daß in einer als umfassende Kulturwissenschaft verstandenen Germanistik den geisteswissenschaftli-
chen Elementen wie Literatur und Philosophie kein adäquater Platz mehr zugewiesen wird. "Daher sollen wir auf der Hut sein vor der Folge dieser latenten, ja
fast heimlichen Umorientierung." Tatsache „jedenfalls ist, daß das Studium der
Fächer an der philosophischen Fakultät einen deutlichen Imageverlust erlitten
hat, was sich auf die Qualität der Ausbildung auswirkt, (...) langfristig auch auf
die Qualität der Lehrer und Dozenten."

"Zukunftsorientierte Bildung muß zunächst als Allgemeinbildung oder allgemeine Bildung gesehen werden", was der chinesischen traditionellen Erziehung
entspricht: Die Vervollkommnung der Moral steht an erster Stelle, man muß
lernen, Mensch zu werden, egal, was man lernen möchte. Wir dürfen nicht au-
genblicklich wichtigen Vorteilen nachjagen, indem wir die Gesamtqualität der
Studierenden herabsetzen - eine Handlungsweise, die auch unserem Wunsch, eine
Konkurrenzfähigkeit der Studierenden auf dem Personalmarkt zu erzielen, überhaupt nicht entspricht".

Daher mein Appell: Literatur zurück in die Hörsäle; Renaissance zurück in die
Kursräume!

Bibliographische Angaben

Balzer, Bernd: Die deutschsprachige Literatur in der BRD. München, 1988
Otrakul, Ampha: Deutschunterricht und Deutschstudium in Thailand. In: *Deutsch in und für Asien.*
Beijing, 1996
Klafki, Wolfgang: „Allgemeinbildung heute - Grundzüge internationaler Erziehung." In: *Pädagogi-
sches Forum* 1/1993.

Dänemark

Inge Dahlgaard
LELAC
Kopenhagen

Sprachenpolitik in Dänemark

1. Einleitung

In Dänemark gibt es eine jahrelange Tradition im Unterrichtssystem dafür, daß man sich mit internationalen Verhältnissen befaßt. Eine Tradition, die in der geographischen, historischen und politischen Wirklichkeit begründet ist. Das Ziel des Unterrichts besteht heute darin, die Bevölkerung darauf vorzubereiten, in einer globalisierten Informationsgesellschaft zu leben, die durch internationale Konkurrenz geprägt ist, aber auch durch gegenseitige Abhängigkeit. Eine solche Gesellschaft stellt große Anforderungen an die Qualifikationen sowohl der jungen als der älteren Leute, und was Dänemark betrifft, nicht zuletzt an die sprachlichen Qualifikationen. Die Internationalisierung der Ausbildungen findet denn auch ihren besonderen Ausdruck im Fremdsprachenunterricht.

2. Die sprachenpolitische Situation in Dänemark

Seit dem zweiten Weltkrieg ist Englisch die führende Fremdsprache in Dänemark, und diese Tendenz wird sich auch in Zukunft in Einklang mit der internationalen Entwicklung fortsetzen, die durch den raschen Vormarsch der Informationstechnologie bedingt ist. Mit Wirkung vom 1. August 1994 verabschiedete das Folketing (Parlament) ein neues Gesetz für die dänische Folkeskole (Grund- und Mittelschule). Von den Änderungen, die das neue Gesetz enthält, ist auch der Fremdsprachenunterricht betroffen.

Englisch ist die einzige für alle obligatorische Fremdsprache, und das Fach beginnt jetzt in der 4. Klasse (vor der Reform: in der 5. Klasse).

Deutsch ist generell die zweite Fremdsprache. Die Kommunen sind weiterhin verpflichtet, Deutsch ab der Klasse 7 anzubieten.

Französisch als dritte Fremdsprache hat nach der Reform eine stärkere Position bekommen und kann nun ab der Klasse 7 alternativ zu Deutsch als zweite Fremdsprache angeboten werden. Die Schüler, die Deutsch / Französisch als zweite Fremdsprache wählen, haben die Möglichkeit, Französisch / Deutsch als dritte Fremdsprache ab der 8. Klasse zu wählen. Im sprachlichen Gymnasium sind drei

Fremdsprachen obligatorisch, wobei sich die Wahlmöglichkeiten ständig erweitern; so wird zum Beispiel jetzt auch Japanisch als Fach angeboten. Es gibt aber eine große Tendenz, die Fremdsprachen, die man schon in der Folkeskole gelernt hat, auch im Gymnasium zu wählen.

Ziel des Gymnasiums ist, daß alle Schüler lernen, mindestens zwei Fremdsprachen mündlich und schriftlich zu beherrschen.

3. Neuere Entwicklungen

Vor der Reform der Folkeskole gab es eine lange öffentliche Diskussion über die Konstellation der Fächer Deutsch - Französisch in der zukünftigen Schule. Zur Vorbereitung auf die neue Schulreform initiierte das Folketing im Jahre 1987 an Schulen im ganzen Land eine Reihe von Versuchsprojekten. Viele Projekte mit Französisch als zweiter Fremdsprache wurden durchgeführt.

Daher basieren das neue Gesetz und die neue Position des Fachs Französisch unter anderem auf den Wünschen der Schüler und der Eltern.

4. Motive für Fremdsprachenlernen

Ein wichtiges Motiv für die Wahl einer zweiten Fremdsprache an der Folkeskole ist, daß sie Voraussetzung für die Aufnahme in das Gymnasium ist. Ein wichtiger Grund, wahrscheinlich der wichtigste, Deutsch zu lernen, ist, daß Deutschkenntnisse lukrative Arbeitsmöglichkeiten in großen Teilen Europas eröffnen.

5. Didaktisches Konzept

Der Fremdsprachenunterricht in Dänemark ist so gestaltet, daß jeder einzelne Schüler so viele Fähigkeiten wie möglich entwickelt und anwendet. Jeder Schüler hat schon am Anfang des Fremdsprachenunterrichts, nämlich vom Muttersprachenunterricht her, ein Wissen von Sprache und sprachlichen Ausdrucksmöglichkeiten, auf das der Fremdsprachenunterricht aufbauen kann.

Eine Sprache ist ein Symbolsystem. Im Muttersprachenunterricht lernen die Schüler das alphabetische Prinzip der Schrift. Gleichzeitig damit werden sie mit der schwierigen Verbindung von Schriftsymbol und Aussprache vertraut. Fremdsprachen sind andere Symbolsysteme mit anderen Verbindungen zwischen Laut, Schrift und Bedeutung, mit anderen Regeln für Wortbildung, Beugung, Satzbau, Sprachgebrauch usw. Die Muttersprache repräsentiert eine bestimmte Weise, die Wirklichkeit, sowohl die innere als die äußere, festzuhalten, zu gliedern und zu beschreiben. Von Vergleichen zwischen Wortbedeutungen und Satztypen der Muttersprache und der verschiedenen Fremdsprachen können die Schüler neue Perspektiven und Erkenntnisse gewinnen. Die Sprache als musisches Element, die Sprache als Instrument für Gedanken und Gedankenaustausch, die Sprache als Kontaktmittel, die Sprache als Ausdrucksmittel in Zusammenspiel mit anderen Ausdruckmitteln: das alles sind zentrale Anliegen im Fremdsprachenunterricht.

6. Rolle der Sprachverbände

In allen Stufen des Ausbildungssystems in Dänemark spielen Sprachverbände eine bedeutsame Rolle in der Sprachenpolitik und für die Entwicklung des Sprachunterrichts. Die Sprachverbände sind wichtige Vermittler von neuen Errungenschaften der internationalen Forschung. Ihre Rolle in der Weiterbildung der Lehrer ist ebenfalls groß. Sie arbeiten in engem Kontakt mit Institutionen wie British Council, Goethe-Institut und Alliance Française.

Auch zwischen dem Erziehungsministerium und den Sprachverbänden gibt es eine enge Zusammenarbeit. Beispielsweise hat an der Ausarbeitung der neuen Lehrpläne für die Folkeskole der Sprachverband „Sprogsam", ein Verband von Englisch-, Deutsch-, Französisch- und Lateinlehrern, einen Vertreter für jedes der vier Sprachfächer benannt. Auch ist es ist üblich, daß das Erziehungsministerium bei der Besetzung ministerieller Aufgaben die Kandidaten unter hervorragenden Mitgliedern der Verbände auswählt.

Estland

Viktoria Umborg

Die Fremdsprachen und speziell das Deutsche in Estland

1. Die Situation der Fremdsprachen an den Schulen

Ein Staat mit kleiner Einwohnerzahl wie Estland (1506100 Einwohner - Stand 1994) kann ohne Fremdsprachen nicht zurechtkommen. Während der ersten unabhängigen estnischen Republik (1918-1940) lernten in den Oberschulen und Gymnasien alle Schüler Deutsch. Es gab auch 18 Lehranstalten mit deutscher Unterrichtssprache, in denen die meisten Schüler Deutsche waren. Ende der dreißiger Jahre fiel als Folge der politischen Veränderungen, insbesondere der Umsiedlung der deutschbaltischen Minderheit nach Deutschland, der Anteil der deutschlernenden Schüler an den Oberschulen und Gymnasien von 93% auf 25%. Nach dem Zweiten Weltkrieg hat der Anteil der deutschlernenden Schüler an der Gesamtzahl der Oberschüler gleichwohl zwei Drittel ausgemacht. Während der zwei letzten Jahrzehnte hat sich aber ein merklicher Rückgang des Deutschen zugunsten der englischen Sprache vollzogen. Seit der sowjetischen Okkupation bis 1991 haben alle Schüler Russisch gelernt, das aber nicht als Fremdsprache betrachtet wurde. Gegenwärtig wird als erste Fremdsprache in den Oberschulen Estlands Englisch oder Deutsch gelernt. Seit der Vereinigung Deutschlands und dem Sturz der Diktaturen in Mittel- und Osteuropa hat die deutsche Sprache, zumal in Estland, eine wesentlich wichtigere Funktion als ehedem. Auch unter Erwachsenen hat sich Interesse und Motivation für das Erlernen der deutschen Sprache entwickelt. Deutsch wird auf allen Stufen des estnischen Bildungswesens unterrichtet und gelernt: in öffentlichen sowie in privaten Lehranstalten.

2. Neue Regelungen

Im Rahmen der Fremdsprachenreform 1991 wurden folgende Regelungen getroffen:
- die Einführung des A-, B- und C-Sprachensystems
- die freie Wahlmöglichkeit zwischen vier Fremdsprachen (Englisch, Deutsch, Russisch, Französisch)
- der Beginn der 1. Fremdsprache (Sprache A) in der 3. Klasse der Primarstufe.

Am 1.September 1992 wurden in den Schulen Estlands die russische, englische, deutsche und französische Sprache als Fremdsprachen gleichgestellt. Das bedeu-

tet, daß die erste (A) und die zweite (B) Fremdsprache aus diesen Sprachen gewählt wird. Als dritte (C) Fremdsprache kann sowohl eine aus diesen vier Sprachen, als auch andere Sprachen (meist Finnisch und Schwedisch) gewählt wer-
den.Im Zusammenhang mit dem im Schuljahr 1992/93 eingeführten System des
Fremdsprachenunterrichts hat die Zahl der Russischlerner ab- und die Zahl der
Lerner anderer Fremdsprachen, darunter der deutschen Sprache, zugenommen.
So haben z.B. im Schuljahr 1990/91 36.114 Schüler Deutsch gelernt, im Schuljahr 1995/96 betrug ihre Zahl schon 55.412.

Zum Vergleich seien auch die Angaben über die Lerner anderer Fremdsprachen im Schuljahr 1995/96 erwähnt:

- Englischlerner: 147.773 (52,7%),
- Russischlerner: 72.097 (25,7%),
- Deutschlerner: 55.412 (19,7%),
- Französischlerner: 5.322 (1,9%).

Deutsch als erste Fremdsprache (A-Sprache) wird im Laufe von 10 Jahren gelernt. Die Zahl der Unterrichtsstunden beträgt in der 3.-5. Klasse 4 Stunden pro
Woche, in der 6.-9. Klasse 3 Stunden und in der 10.-12. Klasse 2 Stunden
Deutschunterricht pro Woche. Mit der B-Sprache (Deutsch als zweiter Fremdsprache) beginnt man in der 6. Klasse. Dieser Sprachlehrgang dauert 7 Jahre. Die
Stundenzahl pro Woche wird folgendermaßen verteilt:6.-7. Klasse: 4 Stunden; 8.-
10. Klasse: 3 Stunden; 11.-12. Klasse: 2 Stunden pro Woche. Die Stundenzahl
der C-Sprache (Deutsch als dritter Fremdsprache) liegt im Ermessen der Schule.
Die C-Sprache wird mindestens 3 Jahre gelernt.

3. Aus- und Fortbildung der Lehrkräfte

Deutschlehrer werden an der Universität Tartu und an der Pädagogischen Universität Tallinn ausgebildet. Im Jahre 1990 wurde die Aufnahmequote für Germanistikstudenten im Zusammenhang mit dem gestiegenen Interesse erhöht.
1996/97 studieren 147 Germanistikstudenten an der Universität Tartu und 98
(Deutsch als Hauptfach) an der Pädagogischen Universität Tallinn. Nach den
Angaben des Kultur- und Bildungsministeriums arbeiten (1994) in den Schulen
Estlands insgesamt 428 Deutschlehrer. 82,9% davon haben fachliche pädagogische Hochschulausbildung. Seit 1993 arbeiten auch deutsche Programmlehrkräfte
an Schule in ganz Estland, im Schuljahr 1996/97 sind es insgesamt 16.

4. Schülerleistungen im Deutschen

25 estnische Schüler haben 1996 das Deutsche Sprachdiplom Stufe II mit Erfolg
bestanden. Dieses Diplom bescheinigt Deutschkenntnisse, die zu einem Studium
in Deutschland berechtigen. Ab dem Schuljahr 1997/98 wird man noch einen

Schritt weitergehen und an der 54. Oberschule in Tallinn und an der 3. Oberschule in Tartu deutschsprachige Zweige einrichten. In diesen Zweigen wird deutschsprachiger Unterricht in verschiedenen Fächern, z.b. auch in den Naturwissenschaften, ab der 6. Klasse eingeführt werden. Im Jahre 2002 wird es somit in Estland zum ersten Mal Schulabgänger mit der Zugangsberechtigung für estnische und deutsche Hochschulen geben. Sicherlich stellen die sogenannten Spezialgymnasien einen ganz entscheidenden Schritt für Estlands kulturelle Einbindung in Europa dar. Fremdsprachen werden auch an Berufs-, Fach-, Hochschulen und Universitäten sowie in Fremdsprachenkursen unterrichtet, die für Erwachsene und Kinder von verschiedenen Institutionen angeboten werden.

5. Die Situation an den Hochschulen

An sechs Universitäten setzen insgesamt in allen Fachrichtungen 24.890 Studenten (Stand 1994) ihren Bildungsweg fort. 1997 arbeiten dort insgesamt 51 Lehrkräfte, darunter 4 Lektoren vom DAAD und eine Bosch-Stiftung-Stipendiatin. Der einzige ausländische ordentliche Professor in Estland ist Deutscher und unterrichtet an der Universität Tartu. Es gibt derzeit nur drei an den Universitäten tätige Germanisten /-innen, die promoviert haben. Die jahrzehntelange Isolation von der internationalen Forschung und die beschränkte Möglichkeit zur Promotion an nur wenigen Universitäten der Sowjetunion (in Moskau, Leningrad, Kiew, Minsk) waren der Grund dafür. Zur Zeit können estnische Wissenschaftler den Anschluß an die internationale Forschung mit Hilfe von Stipendienprogrammen für Studenten und Wissenschaftler und bilateralen fachwissenschaftlichen Tagungen wiederherstellen.

Mit der Gründung von Magisterstudiengängen für Germanisten und Deutschlehrer bekamen estnische Absolventen des Germanistikstudiums eine Möglichkeit zur Fortbildung und zum Erwerb des akademischen Grades Magister (für deutsche Sprache - MA). Das wird als eine höhere Qualifikation betrachtet, als der vierjährige Studiengang, der zum Bakkalaureusabschluß führt. 1996/97 studieren insgesamt 16 Germanisten /.-innen im Magisterstudiengang an der Universität Tartu und an der PU Tallinn.

6. Kooperation

Zwischen mehreren estnischen und deutschen Universitäten bestehen Hochschulpartnerschaften. Die Bundesregierung beteiligt sich auch an der Eurofakultät in Tartu. Das "Triangulum", ein germanistisches Jahrbuch des Lehrstuhls für deutsche Philologie in Tartu für die drei baltischen Staaten wird vom DAAD finanziell unterstützt. Auch das Goethe-Institut bietet zahlreiche Möglichkeiten zur fachlichen Qualifikation an. Seine Weiterbildungskurse waren in der Sowjetzeit in Estland unbekannt.

An den zwei größten Universitäten: an der Universität Tartu (8.627 Studenten - Stand 1997) und an der Technischen Universität Tallinn (6.235 Studenten - Stand 1996) wird Deutsch als erste und zweite Fremdsprache für Nicht-Philologen als Allgemein- sowie als Fachsprache unterrichtet. An der Technischen Universität Tallinn beispielsweise lernt man Deutsch als erste Fremdsprache im allgemeinen während der ersten vier Semester. Ein Semester dauert 16 Wochen, und der Deutschunterricht findet in jedem Semester mit vier Wochenstunden statt. Insgesamt wird der Deutschunterricht im Umfang von 256 Unterrichtseinheiten angeboten (UE=45 Min). Nach dem vierten Semester wird eine Abschlußprüfung abgelegt. Das Studium der A- und B-Sprachen ist an der Technischen Universität obligatorisch. Studenten mit sehr guten Deutschkenntnissen können auch ohne Besuch des Deutschunterrichts die Prüfung direkt ablegen. Das Erlernen der deutschen Sprache als zweiter Sprache dauert zwei Semester. Die Stundenzahl macht ebenso vier Wochenstunden aus und beläuft sich insgesamt auf 128. Im Frühlingssemester 1997 vermitteln neun Lehrkräfte Deutschkenntnisse 675 Studenten der TU Tallinn.

Deutsch für Nicht/Philologen wird auch an anderen Universitäten angeboten. An der Universität Tartu besuchen im Frühlingssemester 1997 800 Studenten verschiedener Fachrichtungen (außer Germanisten) den studienbegleitenden Deutschunterricht. Je nach Fachrichtung wird Deutsch 1 bis 4 Semester mit 4 Wochenstunden unterrichtet. Deutsch als studienbegleitendes Fach (2 Semester, 4 Wochenstunden) ist auch im Curriculum aller Fachrichtungen der PU Tallinn als obligatorisches Fach vorgesehen und wird 1996/97 von 120 Studenten erlernt.Gefragt sind die Deutschkurse und Fortbildungsseminare für estnische Deutschlehrer, die vom Deutschen Kulturinstitut in Tallinn und Tartu durchgeführt werden. Seit 1993 kann man dort die Goethe-Prüfungen zum Zertifikat Deutsch als Fremdsprache (ZDaF), Mittelstufenprüfung (ZMP) und Prüfung Wirtschaftsdeutsch international (PWD) ablegen. Im Mai 1997 wird zum ersten Mal die Prüfung Deutsch im Beruf (ZDfB) durchgeführt. Eine zunehmende Zahl von Prüfungsteilnehmern sowie Deutschlernenden im ganzen zeugt davon, daß Deutsch in Estland nicht nur seine Geschichte, sondern auch eine Zukunft hat.

Bibliographie

V.Rajangu. *Das Bildungswesen in Estland. Grundlagen-Tendenzen-Probleme*. Köln, Weimar, Wien: Böhlau Verlag 1993. 213 S.
Informationsbroschüre der Botschaft der Bundesrepublik Deutschland. Tallinn 1996
Statistische Materialien des Bildungsministeriums Estlands 1994-1996
Germanistik an Hochschulen in Estland, Lettland und Litauen. Verzeichnis der Hochschullehrerinnen und Hochschullehrer. DAAD Bonn, 1995

Finnland

Riitta Piri
Ministerialrätin im finnischen Unterrichtsministerium
Helsinki

Die Stellung der Fremdsprachen, insbesondere des Deutschen, in Finnland

1. Die Sprachensituation in Finnland

Ausschlaggebend für den Sprachunterricht an finnischen Schulen ist die Zweisprachigkeit des Landes. Etwa 94% der Bevölkerung sprechen Finnisch, 6% Schwedisch als Muttersprache. Vom Kindergarten bis zur Hochschule findet der Unterricht für beide Sprachgruppen weitgehend getrennt statt, und die jeweils zweite Landessprache ist an allen Schulen Pflichtfach. In beiden Fällen handelt es sich um "kleine" Sprachen, mit denen man außerhalb der nordischen Länder nicht weit kommt.

Fremdsprachenkenntnisse haben in Finnland im allgemeinen einen hohen Stellenwert, und das Interesse am Sprachenlernen ist in allen Teilen der Gesellschaft lebhaft. Nach der Schulreform und den Lehrplanänderungen für die Gesamtschule (Klassen 1-9), der gymnasialen Oberstufe und der beruflichen Ausbildung war die Stellung der zweiten Landessprache, besonders des Schwedischen im Verhältnis zu anderen Sprachen und Lehrfächern Gegenstand lebhafter und teilweise hitziger Diskussionen, an denen sich alle Kreise der Gesellschaft, vom Staatspräsidenten bis zu den Schülern und Eltern beteiligten.

Der Sprach-, insbesondere der Deutschunterricht war vor Einführung der Gesamtschule in den 70er Jahren vorwiegend auf grammatikalische Korrektheit ausgerichtet, und die vorherrschende Unterrichtsmethode war die deduktive. Sprachkenntnisse waren ein Kriterium zur Unterscheidung zwischen "gebildet" und "ungebildet" und als "geistiges Kapital" Bestandteil akademischer Bildung. Der Weg zu einem akademischen Beruf führte somit notwendigerweise über das Erlernen von Fremdsprachen. Allerdings gab es ein Motivationsproblem - vor allem bei männlichen Jugendlichen.

Heute spielen Fremdsprachen als Bildungsgut eine geringere Rolle, wesentlich wichtiger sind die Kommunikationsfertigkeit und die Zahl der Sprachen, in denen sie besteht. Nach wie vor gibt es jedoch Unterschiede bei Jungen und Mädchen: Mädchen wählen häufiger und in größerer Anzahl "seltene" Sprachen; sie erreichen am Ende auch bessere Ergebnisse als Jungen.

2. Fremdsprachen in den Schulen

"Finnland ist ein Eldorado für Fremdsprachenlehrer" - so ein seit Jahren als Fachberater in Finnland tätiger Deutscher. Im großen und ganzen hat er damit recht. Alle Schüler müssen bereits während ihrer Schulpflichtzeit, also in der Gesamtschule, zwei fremde Sprachen, d.h. die jeweils zweite Landessprache sowie eine "Weltsprache" lernen - in der Regel Englisch, aber auch Deutsch, Französisch und Russisch stehen zur Wahl. Etwa 40% aller Jahrgänge erlernen darüber hinaus spätestens in den Klassen 7-9 der Gesamtschule noch eine oder sogar zwei Wahlfremdsprachen. Der Unterricht in zwei Pflichtfremdsprachen setzt sich in der gymnasialen Oberstufe (Klassen 10-12) bis zum Abitur fort; etwa 80% der Schüler wählen eine bis zwei weitere fakultative Sprachen hinzu.
Auch in der beruflichen Ausbildung gehören zwei Fremdsprachen zum Minimalprogramm, und die Prüfungsordnungen der Fachhochschulen und Universitäten sehen Kenntnisse in der zweiten Landessprache und je nach Fachbereich in einer oder zwei weiterer Fremdsprachen vor.
Die Entscheidungskompetenz im Schulbereich liegt inzwischen weitgehend auf lokaler Ebene, also bei den Gemeinden oder sogar den einzelnen Schulen. Zentralstaatlich geregelt ist lediglich, daß zumindest die eine der beiden obligatorischen Fremdsprachen in der Primar- (Klassen 1-6), die zweite in der Sekundarstufe (Klassen 7-9) beginnt. In der Praxis beginnen die Schüler als Neunjährige in der 3. Klasse mit der ersten, in der 7. Klasse mit der zweiten Fremdsprache. Zunehmend setzt der Fremdsprachenunterricht noch früher ein.
Landesweit geregelt ist lediglich ein Minimaldeputat für den Fremdsprachenunterricht im Stundenplan der Gesamtschule und gymnasialen Oberstufe. Über das Stundenmaximum entscheidet der Schulträger, gewöhnlich die Gemeinde. Das Wochenkontingent pro Sprache ist mit 2 bis 3 Stunden relativ gering und läßt sich in der Gesamtschule kaum ändern. Da aber bereits in der Sekundarstufe zwei Fremdsprachen Pflicht sind, ist der Anteil dieser Fächer am Gesamtstundenplan doch erheblich. Zwei obligatorische Fremdsprachen bereits in der Pflichtschule sind beachtlich und für die meisten EU-Ländern derzeit bestenfalls ein angestrebtes Ziel. Im übrigen gehört Wahlfreiheit zu den bildungspolitischen Grundüberzeugungen in Finnland; diese würde ein Anwachsen der Pflichtstunden widersprechen.

3. Die Situation der einzelnen Sprachen

Betrachtet man die Verteilung der einzelnen zur Wahl stehenden Sprachen, so besteht noch Entwicklungbedarf. In der Grundstufe (i.d.R. ab Klasse 3) ergibt sich folgendes Bild: Englisch: 86,7% Deutsch: 3,8% Französisch: 1,2% Russisch: 0,8% .Trotz des mit knapp 4 % absolut gesehen recht geringen Anteils von

Deutsch als erste Fremdsprache ist während der 90er Jahre ein bemerkenswerter Anstieg auf das Dreifache zu beobachten.(1990: ca. 1 %; 1995: 3,8 %.) Absolut gesehen zeigt sich ein freundlicheres Bild bei Betrachtung der freiwilligen Sprachenwahl: 40 % der Schüler wählen, in der Regel in der 5. oder 8. Klasse, eine fakultative Sprache, und dann meistens Deutsch. 55% der Schüler wechseln nach der Gesamtschule in die gymnasiale Oberstufe, wo der Unterricht in den Pflichtfremdsprachen fortgesetzt wird. Neben der zweiten Landessprache steht auch hier Englisch an erster Stelle. 80% der Schüler nehmen jedoch auch im Gymnasium eine oder zwei Fremdsprache als Wahlfach. Und zumeist fällt die Wahl auf Deutsch. Insgesamt läßt sich sagen, daß trotz der Dominanz des Englischen seit Beginn der 90er Jahre das Deutsche kontinuierlich anwächst. Auch wenn Französisch zunehmend populär wird, ist Deutsch nach wie vor die beliebteste Wahlfremdsprache. Abhängig von den Schullehrgängen mit im einzelnen unterschiedlicher Dauer lernen insgesamt ca. 25 % aller Gesamtschüler und ca. 50 % aller Gymnasiasten Deutsch.

4. Perspektiven

Zu Beginn des Jahres 1997 hat das Unterrichtsministerium im Rahmen seines Strategieprogramms für die Globalisierung des Sprachunterrichts und der Ausbildung den Gesamtschulen, Gymnasien und Berufsschulen als Ziel eine Diversifizierung des Sprachangebotes vorgegeben. Dabei sei auch auf eine gleichmäßigere Verteilung im Blick auf die Geschlechter und die Lernergebnisse zu achten. Konkret lautet die Vorgabe für das Jahr 2000: 50 % der Schüler an der Gesamtschule und 90 % in der gymnasialen Oberstufe sollen zusätzlich zu den Pflicht- noch ein bis zwei Wahlfremdsprachen lernen. In der beruflichen Ausbildung sollen je nach Fachbereich 40 bis 100 % zusätzlich zu den Pflichtsprachen eine Wahlfremdsprache lernen. Untersuchungen der letzten Jahren zum Fremdsprachenbedarf im finnischen Erwerbsleben lassen zweifelsfrei erkennen, daß Deutsch nach Schwedisch und Englisch die drittwichtigste Fremdsprache darstellt. Alle Maßnahmen zur Vermehrung des Fremdsprachenangebotes sollten darauf hinauslaufen, daß die Wahl früher als bisher auf Deutsch fällt.

Eine andere Methode der Verbesserung von Sprachkenntnissen ist die Erteilung von Fachunterricht in einer fremden Unterrichtssprache. Deutsch wird abgesehen von der Deutschen Schule in Helsinki und einigen beruflichen Lehranstalten nur sporadisch und bisher ohne erkennbare Konzeption als Unterrichtssprache eingesetzt. Aber auch hier steigt das Interesse. In Finnland lebende Lehrer mit Deutsch als Muttersprache bilden hier ein wertvolles Kapital.

Ansonsten ist Intensivierung des Deutschunterrichts in der Primarstufe mit einem erheblichen Aufwand verbunden. Eine willkommene Hilfe wäre die zeitweise Entsendung von Lehrern aus den deutschsprachigen Ländern. Die finnischen

Bildungsanstalten sind im allgemeinen medientechnisch sehr gut ausgestattet. Aus das Lehrmaterial stellt für den Deutschunterricht kein Problem dar, ausgesehen von der Primarstufe, wo die Nachfrage bisher noch gering ist. Deutschland leistet hier schon derzeit sehr willkommene Unterstützung, etwa durch das Goethe-Institut und Internationes. Wie in den meisten Ländern ist nach dem Ende des zweiten Weltkrieges mit dem zunehmenden angloamerikanischen Kultureinfluß Englisch auch in Finnland an die traditionelle Stelle des Deutschen als meistgelernte Fremdsprache getreten. Dennoch erhielt die finnische Schulpolitik - anders als in den übrigen nordischen Ländern - die Möglichkeit aufrecht, daß bereits in der Gesamtschule als erste Fremdsprache Deutsch gewählt werden konnte. Die Entscheidungsträger der finnischen Politik halten es für sehr wichtig, intensive Beziehungen zu möglichst vielen europäischen, darunter insbesondere zu den deutschsprachigen Ländern zu haben. Beste Voraussetzung für eine gute bilaterale Zusammenarbeit ist die Kenntnis der Sprache und damit Verständnis der Kultur und der Konventionen des Partners. Die Teilnahme am europäischen Integrationsprozeß als Vollmitglied der Union hat Finnlands Horizont merklich erweitert. Der gegenwärtige Zeitpunkt ist für die Zukunft der deutschen Sprache in den nordischen Ländern von großer Bedeutung. beibehält und Expansion des Unterrichts einer weniger häufig gelernten Sprache und der damit einhergehenden kulturellen Infrastruktur (Politiker auf staatlicher und regionaler Ebene, häusliche Unterstützung und Motivation der Kinder, gute Lehrer, Beziehungen zu den deutschsprachigen Ländern, Austauschprogramme usw.) verlangen fürsorgliche Aufmerksamkeit. In Finnland geht es in erster Linie darum, wie Schüler dazu gebracht werden können, zu einem möglichst frühen Zeitpunkt Deutsch zu wählen.

5. Appell

Die deutschsprachigen Länder mit ihren an die 90 Millionen Einwohnern sollten u.a. ihrer auf die Länder des ehemaligen Westens fixierten Informationsarbeit sowie dem Status ihrer Sprache innerhalb der Europäischen Union und vieler anderer internationaler Organisationen mehr Aufmerksamkeit als bisher schenken. Damit wären die Eltern von Schulanfängern vielleicht eher von der Bedeutung des Deutschen für die Berufs- und Lebensperspektiven ihrer Kinder zu überzeugen sowie davon, wie wichtig es ist, mit der Erlernung dieser Sprache so früh wie möglich zu beginnen.

Frankreich

Anemone Geiger-Jaillet
Pôle universitaire européen de Strasbourg (SPIRAL)
Straßburg

Zur Situation der Fremdsprachen und speziell des Deutschen in Frankreich

1. Fremdsprachenunterricht (FU) in der Gesellschaft

Die französische Gesellschaft hat Fremdsprachen (FS) seit einigen Jahren als wichtigen Faktor im privaten und wirtschaftlichen Sektor erkannt und sich langsam über das lange bestehende Vorurteil, die Franzosen seien schlechte Sprachlerner, hinweggesetzt. FU wird in Frankreich oft gleichgesetzt mit Englischunterricht. Selbst in den Grenzgebieten, wo die 'Sprache des Nachbarn' einen besonderen Status genießt, hat das Englische eine Monopolstellung. Gesellschaft (Eltern) und Politik haben gegen die überall bestehende Vorherrschaft des Englischen bisher so gut wie keine Maßnahmen ergriffen. Claude Hagège's Buch *L'enfant aux deux langues* (1996) mit seinem Vorschlag, in der französischen Grundschule kein Englisch mehr anzubieten, hat zu großem Aufruhr in Frankreich geführt. Nach Englisch sind die schulischen FS der Reihenfolge nach Spanisch, Deutsch, Italienisch.

2. Situation der Fremdsprachen im Bildungswesen

2.1 Vor- und Grundschule

In den Randgebieten des Hexagons wurde spielerischer Früherwerb einer FS zunächst erprobt und 1989 im Rahmen des Programms EILE (Enseignement d'Initiation aux Langues étrangères) im Cours moyen (ab 9-10 Jahre) auf ganz Frankreich ausgedehnt. Das Programm sieht jährlich 50 Stunden Unterricht pro Klasse vor. Die Lehrkräfte waren zunächst muttersprachliche Hilfskräfte bzw. Sekundarlehrer, die für diese Stunden an die Vor- und Grundschulen gingen. 42 % der Grundschullehrer übernehmen diese Aufgabe jetzt bereits selbst, wobei die Unterschiede nach Region und Sprache groß sind. Das Einstiegsalter für die erste Fremdsprache (L1) wurde progressiv herabgesenkt und liegt jetzt bei 7-8 Jahren (CE1 = Cours élémentaire 1). Die 'gewählte Sprache' (71,9% Englisch) soll an jedem Schultag ¼ Stunde unterrichtet werden. Eine Kooperation zwischen Mini-

sterien, Schulen und Lehrern besteht, da Lehrer mit den pädagogischen Arbeits-
stellen (CRDP, CNDP) zusammen visuelle und audiovisuelle Lehrmaterialien
erstellen, z.B. die TV-Serie CE sans frontières, die es u.a. für Deutsch, Englisch,
Spanisch und Italienisch gibt. (Die Themen der 13-Minuten-Sendungen bleiben
in allen Sprachen gleich, dennoch wird das Material bisher nicht zu einem Mehr-
sprachigkeitsansatz genutzt).

Vor allem in grenznahen Gebieten wurden sogenannte 'sites paritaires bilingues' eingerichtet. Ein Lehrer unterrichtet 13 Wochenstunden in Französisch, sein
Kollege (nachmittags) übernimmt die restlichen 13 Stunden Schulprogramm z.B.
in Deutsch (Prinzip 1 Lehrer = 1 Sprache).

2.2 Sekundarstufe

Da die Gesellschaft die Bedeutung der FS erkannt hat, ist eine FS in der Sekundarstufe Pflicht, auch in der kürzeren berufsbildenden Erstausbildung (cycle
court). Probleme sind in der Sekundarstufe: mangelnde Absprache zwischen
Primar- und Sekundarstufe, so daß in der Regel nicht auf Vorkenntnisse der
Schüler vom Früherwerb zurückgegriffen wird; Vorherrschaft des Englischen;
zweifelhafter Ruf einer 'Elitesprache' (z.B. Deutsch), der Ruf des Deutschen als
'schwere Sprache' und damit verbunden ihr stetiger Rückgang, vor allem als
zweite Fremdsprache (L2) zugunsten des als 'leichter eingestuften' Spanischen.
Ab der quatrième (5 Jahre vor dem Abitur) kann entweder die L1 verstärkt betrieben werden, oder eine L2 kommt hinzu (knapp 90 % der Schüler). Deutsch in
dieser Altersstufe zu beginnen (Pubertätskrise), ist sehr schwierig. 10 % der
Schüler allgemeiner oder technologischer Zweige der Sekundarstufe II erlernen
eine L3.

Besondere Formen mit verstärktem FU bestehen teils schon länger (lycée fran-
co-allemand, sections franco-allemandes; sections bilingues) und müssen mit
dem Ruf des 'Elitären' zurechtkommen; teils wurden sie erst neu eingeführt: Seit
1992 wird ab der quatrième in den Sections européennes verstärkter FU und ein
Sachfach in der FS angeboten (nicht nur für DaF).

Seit 1988 gibt es Sections trilingues (Französisch Muttersprache, Deutsch oder
Englisch ab Grundschule, Englisch oder Deutsch ab der sixième). Damit sollte
den Eltern die Entscheidung 'Deutsch oder Englisch' abgenommen werden. Dort,
wo sie bestehen, nehmen diese dreisprachigen Zweige nur die 'besten Schüler'
nach einem Test auf. Seit einigen Jahren wird den Regional- und Minderheitensprachen mehr Bedeutung zugestanden, entweder in Form bilingualer Züge oder
als Zusatzangebot in der Abiturprüfung: Programm Langues et cultures régiona-
les (in Bretonisch, Baskisch, Katalanisch, aber nicht in Elsässisch !), das auch
eine Entsprechung im berufsbildenden Bereich bekam. Wahrscheinlich als Ge-
genreaktion zu den Sprachen, die nicht den Status 'Regionalsprache' haben, gibt

es im Elsaß ein Certificat régional d'excellence, welches Schüler der 3e und 1ère ablegen können (seit 1988 für Deutsch, 1990 Englisch und Spanisch, 1992 Portugiesisch.) Der Elitegedanke spielt auch hier wieder eine Rolle (Name des Diploms!, außerdem liegt die Quote des Bestehens bei unter 40 %).

In Frankreich ist es bereits in einer Sekundarstufe möglich, einen berufsqualifizierenden Abschluß abzulegen (CAP mit wenig FU; Brevet d'enseignement professionnel mit 2 FS). 95,4% der Schüler einer zweijährigen beruflichen Ausbildung lernten 1995 eine L1. Etwa 5 % dieser Schüler nehmen am fakultativen FU einer L2 teil. Im vorberuflichen Bereich ist in den letzten Jahren der größte Anstieg der FS zu verzeichnen, aber auch hier hauptsächlich zugunsten des Englischen.

2.3 Universität

Fremdsprachen werden entweder im Rahmen von 'Langues étrangères' studiert (in Frankreich unterrichten Sekundarstufenlehrer nur eine FS) oder im Fachbereich 'Langues étrangères appliquées' (LEA), wo mindestens zwei FS gleichzeitig beherrscht werden sollen. LEA bereitet weniger auf den Schuldienst als auf Berufe in der Wirtschaft und Verwaltung vor. Für die Studenten anderer (wissenschaftlicher) Fächer gibt es seit 1994-95 die Verpflichtung, bis zum DEUG (Zwischenprüfung) an 50 Stunden FU teilzunehmen. Die Maßnahme wird progressiv bis zum 4. Studienjahr ausgedehnt. Nachteil: Der Andrang ist sehr groß, da Frankreichs Universitäten von einer 'Vermassung' betroffen sind (3.000 Erstsemester bei 20.000 Studenten sind durchaus realistische Zahlen und bereiten dem FU organisatorische Probleme.) Durch den Unterricht in der Sekundarstufe sind die Studenten nur mangelhaft vorbereitet, da das Ziel das Abitur und nicht die Erlernung der Sprache war. An der Universität hingegen sollen sie sich sofort der FS als Kommunikationsmittel und Instrument bedienen.

Durch den großen Ansturm (Unterricht im Audimax) ist kein Sprachunterricht in klassischer Form möglich. Daher wurde der FU z.T. in autonome Lern- und Sprachenzentren verlagert, die seit den 90er Jahren eigens dafür in den Universitäten angesiedelt wurden, ohne daß immer die nötigen Dozentenstellen damit einhergingen: Die pädagogisch-didaktische Richtung des autonomen Selbstlernens 'boomt'. Multimediale Materialien werden eigens für diesen Publikumskreis entwickelt (Bsp: News Busters, 15 Videokassetten didaktisch aufbereiteter Nachrichtensendungen englischsprachiger Fernsehsender). Nachteil: Der Zwang zu einer FS kommt fast ausschließlich dem Englischen zugute (72,8 %). Nicht an allen Universitäten wird überhaupt Deutsch in diesem Rahmen angeboten, von anderen FS ganz zu schweigen. (In Strasbourg wurden ab 1996/97 zwei FS in den ersten beiden Studienjahren Pflicht. Das zeigt auch für das Deutsche einen Lichtblick, ist aber noch nicht für ganz Frankreich gültig.)

3. Lehrerausbildung und Fremdsprachen

Künftige Grundschullehrer erhalten während ihrer Ausbildung am IUFM (Instituts de Formation des maîtres) einen (sehr geringen) Anteil an FU, der sie in aller Regel nicht befähigt, anschließend wirklich 'sattelfest' im Rahmen des Früherwerbs den Kindern gegenüberzutreten - aber der Anfang ist gemacht. Nach der Licence (3. Studienjahr z.B. einer FS) kann man an dem nationalen Concours CAPES teilnehmen. Wer das Auswahlverfahren besteht, wird sofort zum nächsten Schuljahr (zunächst als Referendar) eingestellt, muß aber damit rechnen, innerhalb Frankreichs dort hingeschickt zu werden, wo gerade Bedarf am jeweiligen FS-Lehrer besteht. Wer bereits eine Maîtrise (4.Studienjahr) hat, kann sich dem Concours der Agrégation unterziehen. Von dem bestandenen Concours hängt anschließend die Besoldung und die wöchentliche Stundenzahl des Lehrers ab. In geringer Zahl können professeurs certifiés und agrégés auch an den Universitäten unterkommen.

Elsässische Muttersprachler können sich im Rahmen des CAPES d'Allemand einer Zusatzprüfung, der Mention alsacien, unterziehen. Bei Bestehen erhöht sich die Chance, in dem Schulbezirk (Académie) Elsaß eine Stelle zu bekommen, da nur dort Lehrer gebraucht werden, die Elsässisch unterrichten. Von Pariser Seite wird das Thema nur hinter vorgehaltener Hand behandelt, weil offiziell ein Inhaber eines nationalen Concours in ganz Frankreich theoretisch eine freiwerdende Stelle antreten müßte (Chancengleichheit).

Seit mehreren Jahren schaffen immer mehr in Frankreich wohnende deutsche oder englische Muttersprachler mit Hilfe der Concours den Einstieg in das französische Schulsystem. Dies ermöglicht dem französischen Staat, die muttersprachlichen FS-Lehrer gezielt auf die Schulen zu verteilen, ohne den Nachteil des Lektorenstatus (Infragestellung der Autorität seitens der Schüler, oft mangelnde Kenntnis der Sprache und Sitten des Gastlandes) befürchten zu müssen.

4. Weiterbildung

Ein Gesetz von Juli 1971 zwingt alle Unternehmen, 1,5% des Lohnaufkommens für die Weiterbildung zu verwenden, sonst wird das Geld eingezogen und von nationaler Ebene aus neu verteilt. Das kommt auch Sprachkursen für die Mitarbeiter zugute. Frankreich verfügt über ein gut strukturiertes Fernstudiensystem (CNED), das auch berufliche Abschlüsse in FS ermöglicht. Die Lehrer im Schuldienst haben eigene Fortbildungsveranstaltungen (MAFPEN).

5. Bedarfs- und Bedürfnisorientierung

Private Institute und Universitäten bieten im Rahmen der Weiterbildung immer mehr maßgeschneiderte 'Kurse' mit neuen Medien und Umsetzung (semi-)autonomer Lernmethoden an. Zielgruppenspezifisch versucht auch das Deutsch-Französische Jugendwerk zu arbeiten: Begegnungen zwischen jungen Deutschen und Franzosen; deutsch-französische Glossare zu spezifischen Berufen, Sportarten, zum Schul- und Universitätsbereich, zur Freizeit.

6. Sprachpolitische Aktivitäten, z.B. von Verbänden

Im FS-Bereich gibt es eine Vielzahl von Verbänden, meist mit einer eigenen Zeitschrift (*Les Langues modernes* von A.I.L.A., *Bulletin* der A.P.L.V., *Bulletin* der A.D.E.A.F.). Der letztgenannte Verband hat sich besonders mit seinem in Tours organisierten Kongreß (1996) für die Belange des DaF-Unterrichts in Frankreich eingesetzt und den Kontakt zu den deutschen Französischlehrern gesucht.

In Frankreich bezieht sich Sprachenpolitik nicht nur auf Fremdsprachenpolitik. Die Hüterin der französischen Sprache, die Académie Française, tritt immer wieder mit Überlegungen an die Öffentlichkeit, die in dieser Form in keinem anderen Land möglich wären. Das Prinzip «Frankreich, eine Republik, eine Sprache» führt zu kritischen Anfechtungen des Englischen (Gesetz von August 1994), zu einem größeren Sprachbewußtsein der französischen Muttersprachler (u.a. durch die Präsenz in den Medien), aber auch zu einer Marginalisierung der Regional- und Minderheitensprachen, die sich nicht vollständig in das nationale französische (Schul-)system einordnen wollen. Könnten sich die Teilnehmer des Kongresses eine an die «Frankophonie» anknüpfende «Germanophonie» für Deutschland und den deutschen Sprachraum vorstellen?

Griechenland

Angeliki Kiliari
Abteilung für Deutsche Sprache und Literatur
Aristoteles Universität Thessaloniki

Deutsch in Griechenland

Fremdsprachen sind in Griechenland sehr gefragt. Den Interessenten wird im privaten Bereich eine breite Palette von Sprachen angeboten, während in den staatlichen Schulen seit den 60er Jahren entweder Englisch oder Französisch als Pflichtfremdsprachen landesweit in allen Klassen der Sekundarstufe I und II und seit Ende der 80er Jahre in einigen hunderten Projektschulen ab der 4. Klasse der Grundschule gelehrt werden. Obwohl die deutsche Sprache nach der englischen die zweitgefragte Fremdsprache in Griechenland ist, wird Deutsch nur noch sehr eingeschränkt in den staatlichen Schulen, jedoch in zahlreichen privaten Sprach- und Regelschulen unterrichtet.

Deutschunterricht wurde erstmals im Schuljahr 1979/80 in die Sekundarstufe II eingeführt, allerdings nur an zehn ausgewählten Schulen. Erst nach einer Gesetzreform wird Deutsch im Schuljahr 1993/94, landesweit als zweite Pflichtwahlfremdsprache, doch nur in 116 Schulen der Sekundarstufe I und ab Schuljahr 1996/97 in der ersten Klasse der Sekundarstufe II angeboten und nach den für diese Zwecke entwickelten Nationalcurricula unterrichtet. In der Primarstufe der staatlichen Schulen gibt es keinen Deutschunterricht; aber in privaten Sprachschulen und Regelschulen werden Kinderkurse angeboten.

Vom Gesetz ist vorgeschrieben, daß an allen Schulen der Sekundarstufe die Schüler die Möglichkeit haben sollten, die zweite Fremdsprache, neben der ersten Fremdsprache Englisch, zwischen Deutsch und Französisch zu wählen. Letztendlich aber wird aus rein ökonomischen und organisatorischen Gründen vom Erziehungsministerium diktiert, an welchen Schulen welche zweite Fremdsprache unterrichtet wird. Dies geht leider zu Lasten des Deutschen. Die Abteilungen für Deutsche Sprache und Literatur an den Universitäten Athen und Thessaloniki, der Deutschlehrerverband und weitere interessierte Institutionen setzen sich dafür ein, daß doch Elternverbänden und Schülern gesetzmäßig die freie Wahl der zweiten Fremdsprache überlassen wird und der Staat die organisatorischen Voraussetzungen schafft, damit der Deutschunterricht der starken Nachfrage entgegenkommt.

Für den Unterricht in all den privaten Sprach- wie in den Regelschulen im Primarbereich liegt kein Curriculum, nicht mal allgemeine Rahmenrichtlinien zugrunde. Lernziele richten sich meistens nach den jeweiligen Prüfungsanforderungen (ZDaF, ZMP, KDS u/o GDS, PALSO) ; die didaktisch-methodische Konzeption stimmt sich auf das jeweilige Lehrwerk und die institutionellen und / oder individuellen Voraussetzungen ab. Eingesetzt werden für den DaF-Unterricht international bekannte Lehrwerke wie: "Themen neu", "Sprachkurs Deutsch", "Deutsch konkret", "Sprachbrücke" etc., welche konzeptionell die generellen Erwerbsschwierigkeiten multilingualer Adressatengruppen berücksichtigen, aber nicht auf die sprachlichen Besonderheiten einer griechischen Zielgruppe eingehen können. Es gibt kein im eigentlichen Sinne des Wortes regionales Lehrwerk. Deutschkurse werden weiter an allen staatlichen Universitäten wie Fachhochschulen als ein Wahlfach, das eine Einführung in die Fachterminologie angeboten.

Deutschlehrer für alle Stufen werden in den Abteilungen für Deutsche Sprache und Literatur an den Universitäten Athen und Thessaloniki ausgebildet. Es sind relativ kleine Abteilungen, die im Studienprogramm ein reichhaltiges Angebot an Seminaren in der Literatur- und Sprachwissenschaft, in der Methodik-Didaktik des DaF (besonders an der Universität Thessaloniki) und in der Landeskunde, Geschichte und Philosophie vorsehen. Da die meisten Vorlesungen und Seminare in deutscher Sprache abgehalten werden, sind gute Deutschkenntnisse erforderlich. Daher wird den Studierenden zusätzlich auch Sprachunterricht angeboten. An der Abteilung der Universität Thessaloniki besteht die Möglichkeit, nach einer Selektionsprüfung einen interdisziplinären postgraduierten Studiengang durchzuziehen, der nach zwei Jahren zu einem Spezialisierungsdiplom in der Fremdsprachendidaktik oder in der Soziolinguistik führt. Interessenten könnten in weiteren sechs Semestern den Doktortitel erwerben.

Wie geschildert, ist die deutsche Sprache in Griechenland sehr gefragt; Deutschunterricht wird weitgehend im privaten, eingeschränkt im öffentlichen Bereich angeboten; eine ausreichende Anzahl von Deutschlehrern bekommt eine angemessene Ausbildung. M. E. fehlt aber der politische Wille, dem Deutschunterricht unter den gegebenen sozialen Bedingungen den nachgefragten Raum im Schulwesen zu geben.

Anmerkungen:

Das griechische Schulwesen ist in 3 Stufen geteilt: - Primarbereich: Kindergarten: 1 Jahr, Grundschule (Dimotiko): 6 Jahre; - Sekundarstufe I: Gymnasium (Gymnasio): 3 Jahre; - Sekundarstufe II: Lyzeum (Lykion : Geniko o. Techniko): 3 Jahre; Grundschule und Sekundarstufe I = insgesamt 9 Jahre Schulpflicht
ZDaF = Zertifikat Deutsch als Fremdsprache, ZMP = Zentrale Mittelstufenprüfung, KDS = Kleines Deutsches Sprachdiplom, GDS = Großes Deutsches Sprachdiplom. Die Prüfungen zu diesen Sprachdiplomen werden vom Goethe Institut, die zu PALSO von der Panhellenic Federation of Foreign Languages School Owners gehalten.

Japan

Yasunari Ueda
Linguistik Deutsch
Universität Hiroshima
Higashi-Hiroshima-Shi / Japan

Die Situation der Fremdsprachen in Japan, besonders des Deutschen

1. Historischer Rückblick

Der Ursprung der japanischen Sprache bleibt immer noch im Dunkeln. Wohl hat das Urkoreanische auf das Urjapanische starken Einfluß geübt. Dies geschah in der vorhistorischen Zeit. Das heutige Japanisch entwickelt sich aufgrund der Mischung vom Urjapanischen und Urkoreanischen. Die historisch belegte erste Fremdsprache, mit der das Japanische in Kontakt kam, war Chinesisch. Im 5. Jahrhundert kamen im Prozeß der Einführung der chinesischen Kultur, besonders des Buddhismus, die chinesischen Schriftzeichen nach Japan. Die chinesischen Schriftzeichen verwendete man damals zuerst nur als phonetische Zeichen. Dann wurde von den buddhistischen Priestern aufgrund von diesen chinesischen Schriftzeichen ein vereinfachtes phonetisches Zeichensystem (Kata-Kana) entwickelt, um die buddhistischen Schriften leichter entziffern zu können. Dann, Anfang des Mittelalters (im 7. oder 8 Jahrhundert), wurde eine andere Art vereinfachtes phonetisches System aufgrund von chinesischen Schriftzeichen entwickelt (Hira-Kana), das vor allem von Damen verwendet wurde. Im 15. Jahrhundert kam die erste europäische Sprache, nämlich Portugiesisch, gemeinsam mit dem Christentum und Feuerwaffen nach Japan. Es wurden viele japanische und europäische Märchen mit lateinischen Buchstaben geschrieben. Diese Schreibweise heißt Romaji, und ist heute noch im Gebrauch, um Fremdwörter phonetisch auszudrücken. In der Zeit der totalen Abschottung Japans gegen die Außenwelt vom Anfang des 17. bis zur Mitte des 19. Jahrhundert war nur Holländisch erlaubt. Über das Holländische konnte Japan damals Europa und die Welt nur teilweise kennenlernen. Seit Anfang der Meiji-Zeit hat sich die Situation sehr verändert. Japan wollte sich zu einem modernen Industrieland entwickeln. Es wurden viele junge Leute nach Europa oder in die USA geschickt, damit sie moderne Technik, Wissenschaft und Politik studieren und mit den neuesten Erkenntnissen zurückkehren, um damit zum Aufbau Japans beizutragen. Das Erlernen von Fremdsprachen, vor allem von europäischen Sprachen, war von größter Bedeutung. Vor

allem spielte die deutsche Sprache in den Bereichen Politik, Wissenschaft
(Medizin, Chemie, Philosophie), Kunst (Musik) und Technik eine wichtige Rolle.
Durch diese historischen Umstände bedingt, ist das heutige Japanisch in bezug
auf den Wortschatz ein Mischmasch von verschiedenen Fremdsprachen. Nach
dem zweiten Weltkrieg dominieren englische Wörter, die natürlich phonetisch
japanisiert worden sind. Alle Fremdwörter schreibt man in Japan normalerweise
mit Kata-Kana (vgl. oben).

2. Das Image der deutschen Sprache in Japan

Die oben kurz vorgestellten historischen Umstände prägen das Image der deut-
schen Sprache in Japan noch heute. Für viele Japaner ist die deutsche Sprache
fast automatisch mit solchen Dingen bzw. Namen verbunden wie Bier, Wein,
Beethoven, Mozart, Schubert, Kant, Schopenhauer, Hegel, Marx, Volkswagen,
Autobahn, Hitler u.a. m.. Unter den Skisportlern, Bergsteigern, älteren Ärzten
und Krankenschwestern sind auch einige deutsche Wörter als Jargon geläufig.
Bei der Pflege des Images spielen verschiedene Faktoren mit. Vor allem ist die
Einstellung des Lehrers selbst der Zielsprache und -kultur gegenüber entscheidend. Natürlich muß man der Zielsprachen und -kultur gegenüber kritisch sein,
aber nur das Negative der Zielkultur im Unterricht zu behandeln ist kaum produktiv, schadet eher der Motivation der Lernenden, auch wenn es stimmt.

3. Motive des Fremdsprachenlernens in Japan

Wie die kurze historische Darstellung oben nahelegt, ist das Fremdsprachenlernen in Japan fast immer rezeptionsorientiert gewesen. Dies gilt grundsätzlich
noch heute. Natürlich wird schon seit langem von verschiedenen Seiten, vor
allem von Wirtschaft und Industrie, dringend dazu aufgefordert, den Fremdsprachenunterricht in Japan zu reformieren und kommunikativ zu gestalten. Langsam
setzt sich diese Einsicht durch. Auch für Akademiker ist die aktive Kommunika-
tionsfähigkeit von höchster Bedeutung, leider hauptsächlich im Englischen. Die
deutsche Sprache verliert leider international ihre Bedeutung als Wissenschafts-
sprache, worauf schon vielfach hingewiesen wurde. Dies wirkt sich auf das Image
der deutschen Sprache leider negativ. Auch bei der Motivierung spielt der Lehrer
eine entscheidende Rolle. Ein Fremdsprachenlehrer, auch wenn er kein Muttersprachler ist, soll sich dessen bewußt sein, daß er in einem gewissen Sinne als
Repräsentant der Zielsprachenkultur oder zumindest als Vermittler zwischen der
eigenen Kultur und der Zielsprachenkultur im Unterricht fungiert. Wenn der
Lehrer eine positive Einstellung zur Zielsprachenkultur hat oder am Lernen von
Sprachen Freude hat, wirkt sich das positiv auf die Motivierung der Lernenden
oder bei der Gestaltung einer guten unterrichtlichen Situation aus. Fremdspra-

chenlernen kann eventuell zu einer umwälzenden Erfahrung führen, indem man mit Fremdem konfrontiert wird. Fremde Laute aussprechen z. B. oder sich mit fremden Gesten benehmen bringt schon ein fremdes Gefühl mit sich. Indem man sich in einer fremden Sprache ausdrückt, kann man ein anderes Ich (alter ego) finden. D.h. man kann seine in seiner Muttersprache ausgebildete soziale Identität in einer Fremdsprache abstreifen und eine andere Identität gewinnen. Die fremde Erfahrung führt zur Entdeckung einer weiteren Entfaltungsmöglichkeit der Persönlichkeit. Wenn der Lehrer selbst als gutes Beispiel in dieser Hinsicht im Unterricht fungieren kann, wirkt sich das auch sicher positiv aus auf die Motivierung der Lernenden. Über die Unmotiviertheit von Studenten beim Fremdsprachenlernen wurde lange Zeit nur lamentiert. Studenten mußten Fremdsprachen als Pflicht lernen, gleichgültig ob sie es wollten oder nicht. Trotzdem hat man fast nichts unternommen, um die Studierenden besser zu motivieren. Dieses pflichtgemäße Fremdsprachenlernen von Studenten ist tradtionsgemäß durch das Bildungsideal des japanischen Hochschulsystems seit der Meiji-Zeit (seit etwa über 100 Jahren) bestimmt. Europäische Kultursprachen sollte man erlernen, wenn man in Japan als zur Bildungschicht gehörig anerkannt werden will. Diese Einstellung ist nur befördert oder verstärkt worden, als man begann, die "Internationalisierung" zu propagieren. Das Wort "Internationalisierung" wird in Japan fast automatisch mit dem Erlernen einer Fremdsprache verbunden. Zumindest sollte man eine Fremdsprache beherrschen, wenn man als "internationaler Mensch" gelten will. Im Gegensatz zu alten Zeiten, wo die Fahrt ins Ausland sehr teuer und schwer war, kann man heute sehr billig, leicht und bequem z. B. nach Deutschland fliegen. Der Lehrer kann die Lernenden dazu anregen, die Zielsprache (in unserem Fall Deutsch) vor Ort zu erlernen. Es gibt einige Kollegen, die ihre Studenten zum Sprachkurs in Deutschland mitbringen. Ein solcher Aufenthalt, wenn er auch nur kurz ist, motiviert die Studenten sicher stark beim Spracherwerb.

Im Unterricht selbst können heute verschiedene Medien effektiv eingesetzt werden, um die Lernenden zu motivieren, indem man den Unterricht abwechslungsreich gestaltet. Zu diesem Zweck gibt es heutzutage verschiedene nützliche Medien. Nur gibt es nur wenige motivierte mutige Lehrer, die gern solche Medien im Unterricht einsetzen.

4. Welche Fremdsprachen werden gelernt?

In Japan wird bis heute in der Schule nur Englisch als Pflichtfach gelernt. Deutsch und Französisch werden nur in wenigen Gymnasien (high-schools) gelehrt. Vereinzelt wird auch Koreanisch von koreanischen Schülern gelernt. Natürlich gibt es außerhalb des schulischen Bereichs Möglichkeiten, verschiedene Fremdsprachen zu lernen. Die meisten privaten Sprachschulen sind jedoch sozusagen "konversationsorientiert". Im Sommer 1996 hat das Kultusministerium Japans eine Entscheidung veröffentlicht, nach der in einigen Jahren schon Volksschüler Englisch lernen sollen. Englisch soll auch für Volksschüler Pflichtfach werden.

5. Lehrangebot an den Universitäten

Leider nimmt die Anzahl der Deutschlernenden an den Universitäten rasch ab. Dagegen werden allmählich verschiedene Fremdsprachen zur Auswahl geboten. An der Universität Hiroshima werden z. B. ab April 1997 nicht nur Deutsch, Französisch, Russisch und Chinesisch, sondern auch Spanisch und Koreanisch angeboten. Leider werden nur wenige südostasiatische Sprachen angeboten, weil es nur wenige kompetente Lehrer gibt. Hier gibt es enorme Lücken.

6. Unterrichtsmethodik

Von den historischen Umständen bedingt, herrscht in Japan immer noch die Übersetzungsmethode im Fremdsprachenunterricht. Neben der historischen Bedingtheit gibt es auch soziale Gründe dafür. Bei der Aufnahmeprüfung für die high-school oder für die Universität werden insbesondere grammatische Kenntnisse und Übersetzungsfähigkeit geprüft. Dies prägt die Vorstellung von Japanern über die Methodik des Fremdsprachenerwerbs. Nur langsam verändert sich diese Situation, angestoßen von Industrie und Wirtschaft.

7. Ausbildung der Lehrkräfte

Hier sollen m.E. tiefgreifende Maßnahmen getroffen und eine radikale Reform eingeführt werden. Die meisten Fremdsprachenlehrer an den Universitäten sind nicht gezielt als Sprachlehrer ausgebildet. Die meisten Deutschlehrer in Japan z. B. haben sich bis heute bei ihrem Germanistikstudium nur als Literaturforscher ausgebildet. Dies ist auch institutionell bedingt. Die Fremdsprachenlehrer an den Universitäten sind andererseits auch Forscher im jeweiligen Wissenschaftsbereich. Bei der Einstellung werden nur wissenschaftliche Arbeiten eingeschätzt, nicht erzieherische Leistungen. Fremdsprachendidaktik ist, zumindest in der Germanistik in Japan, noch nicht als Forschungsbereich etabliert. Angestoßen von außen ändert sich auch hier allmählich die Situation. Im letzten Jahr ist der Verband der japanischen Deutschlehrer gegründet worden, und er wird eine eigene Zeitschrift herausgeben. Dies wird hoffentlich auf die Notwendigkeit der Sprachlehrforschung aufmerksam machen.

8. Zur gegenwärtigen Situation (z. B. an der Universität Hiroshima)

Der Fremdsprachenunterricht an den Universitäten in Japan wird seit einigen
Jahren, nicht nur in bezug auf den Lehrplan, radikal reformiert. Das schließt auch
Umgestaltung der Fachbereiche in den Fakultäten ein. Insbesondere werden fast
alle "Fakultäten der Allgemeinen Bildung" ganz abgeschafft oder umorganisiert,
an denen bis heute Deutsch als zweite Fremdsprache gelernt wird. Diese Re-
formwelle hat zur Folge, daß die zweite Fremdsprache nicht mehr pflichtgemäß
gelernt, sondern zur freien Wahl gestellt wird. Das bedeutet für die meisten Studierenden eine Befreiung vom belastenden Fremdsprachenlernen. Im Jahr 1991
ist das Hochschulrahmengesetz in Japan geändert worden. Als Folge dieser Ver-
änderung soll auch bei uns an der Universität Hiroshima der ganze Lehrplan
erneuert werden. Seit zwei Jahren hat man heftig darüber diskutiert. Jetzt hat der
neue Lehrplan langsam eine konkrete Form bekommen. Nach dem neuen Lehrplan soll jeder Studierende zweimal in der Woche Englischunterricht bekommen.
Englisch ist ein Pflichtfach. Die anderen Fremdsprachen (Deutsch, Französisch,
Russisch, Spanisch, Chinesisch und Koreanisch) können auswahlweise gelernt
werden. Folge: der Umfang des Deutschunterrichts wird enorm reduziert. Die
meisten können nur ein Jahr lang Deutsch (oder die anderen Fremdsprachen
außer Englisch) lernen. Anders läßt es sich aufgrund der beschränkten Stunden-
und Professorenzahl nicht regeln. Nun haben einige Abteilungen der Literarischen Fakultät, wo ich tätig bin, große Probleme. Die Studierenden, die Germanistik oder Romanistik oder Sinologie studieren wollen, bekommen zuerst nur
zwei Jahre lang, zweimal in der Woche Unterricht in den entsprechenden Sprachen (insgesamt 4 Punkte). Um die Germanistik erfolgreich zu studieren, ist das
natürlich nicht ausreichend. Ab dem 3. Studienjahr müssen sie selbst weiterler-
nen.

9. Fazit

In Japan floriert der Imperialismus der englischen Sprache, so kann man leider
feststellen. Bei allen oben kurz beschriebenen Punkten spielt der Fremdsprachenlehrer (in unserem Fall Deutschlehrer) selbst eine entscheidende Rolle. Von
ihm hängt fast alles ab, kann man sagen. In diesem Sinne muß das Bewußtsein
unter den Fremdsprachenlehrern durchgesetzt werden, daß Sprachenpolitik "ein
"Muß" für verantwortlich denkende und handelnde Lehrende ist", wie Raasch als
These formuliert hat.

Korea

Do-Won Yang
Korea National University of Education
Chungbuk

Die geplante Bildungsreform in Korea und ihre Auswirkungen auf den Deutschunterricht

1. Ein Überblick über die Geschichte des Fremdsprachenunterrichts in Korea

So etwas wie ein Embryo des systematischen Fremdsprachenunterrichts in Korea hat sich schon im Jahre 1898 entwickelt. Hierbei ist zu bedenken, daß Korea damals in weltpolitischer Hinsicht ein weit entfernt gelegenes Land war. Das war eine Zeit, in der die Westmächte versuchten, diplomatische Kontakte mit asiatischen Ländern aufzunehmen. Der Deutsche Paul Georg von Möllendorf wirkte damals als Staatsminister im koreanischen Auswärtigen Amt und initiierte die Gründung einer Dolmetscherschule. Er ließ 1898 mit Unterstützung des königlichen Hofes unter anderem eine deutsche Schule ins Leben rufen. Diese Schule existierte bis 1910 und brachte in dieser Zeit 5 Absolventen hervor.

Die erste germanistische Fakultät nach einem europäischen Modell ist 1946 an der Nationaluniversität Seoul errichtet worden. Seitdem hat sich das Studium der deutschen Sprache und Literatur allmählich zu einem beliebten Studienfach stabilisiert. Im Laufe der Zeit vermehrte sich die Zahl der Germanistikstudenten. Zur Zeit gibt es über 75 Abteilungen an über 60 Universitäten. Jedes Jahr fangen ca. 2000 neue Germanistikstudenten mit ihrem Studium an. Es gibt schätzungsweise 350 Professoren und zahlreiche freie Lektoren.

Seit Beginn der Einführung des neuen Schulsystems 1948 ist der Fremdsprachenunterricht ein wichtiges Unterrichtsfach, und zwar Englisch ab der 7. Klasse als obligatorisches Fach und Deutsch oder Französisch ab der 10. Klasse als Wahlpflichtfach. Deutsch gehört sozusagen zu den zweiten Fremdsprachen. Im Laufe der letzten 50 Jahre hat sich die Notwendigkeit und die Beliebtheit der einzelnen Fremdsprachen stark geändert. Die Frage, welche Fremdsprache gern gelernt wird und warum gerade diese, erübrigt sich. Auf jeden Fall ist die Zahl der Fremdsprachenlehrer und -schüler drastisch gestiegen. Ich zitiere eine Statistik aus dem Jahr 1996: Von 1.880 Oberschulen (10. bis 12. Klasse) in ganz Südkorea unterrichteten 1.161 Oberschulen eine zweite Fremdsprache und 573 Oberschulen zwei Fremdsprachen. Im einzelnen sind die Zahlen für die Fremdsprachenlehrer wie folgt: 10.479 Englischlehrer, 1.289 Deutschlehrer, 812 Französischlehrer, 50 Spanischlehrer, 10 Russischlehrer, 196 Chinesischlehrer und 1.561 Japanischlehrer.

2. Strukturwandel im Fremdsprachenunterricht

Es gibt immer wichtige Gründe, warum man eine neue Schulpolitik entwirft und versucht, durch diese Änderungen den Stellenwert der Bildungseinrichtungen zu verbessern. Im folgenden möchte ich darstellen, welche internen und externen Faktoren auf die Bildungspolitiker Einfluß ausgeübt haben und wie sich das ausgewirkt hat. Aus Zeit- und Platzgründen werde ich mich nur auf das Wesentliche beschränken.

Im allgemeinen wird behauptet, daß der Fremdsprachenunterricht entweder ein Bildungsinstrument ist oder einem konkreten Zweck dient. In Korea, wo lange Zeit eine konfuzianistische Lebensweise und Rangordnung herrschte, spielte dies im Bewußtsein eine entscheidende Rolle. Man besuchte Schulen und Universitäten, nicht unbedingt, um wirklich etwas zu lernen, sondern um ein Abschlußzeugnis zu bekommen.

Ende der 60er Jahre kam man zum ersten Mal in der Schulgeschichte zu der Erkenntnis, daß Deutsch, verglichen mit dem Französischen, überproportional angeboten und gelernt wird. Es gab einen Versuch von behördlicher Seite, den Anteil der Schüler, die überwiegend Deutsch als eine zweite Fremdsprache lernten, auszubalancieren. Eine zweite Wende vollzog sich ab Anfang der 80er Jahre. Das war eine Zeit, in der Korea noch einmal einen wirtschaftlichen Umschwung erlebte. Die diplomatischen Beziehungen mit Japan normalisierten sich, als Folge davon stieg einerseits der Handelsumsatz mit Japan enorm, andererseits war es nunmehr erlaubt, Japanisch als Unterrichtsfach zu unterrichten. Da diese Nachbarsprache leicht zu lernen war, wollten immer mehr Schüler Japanisch lernen und nicht mehr Deutsch. Das heißt, es war bei der Prüfung vorteilhaft, Japanisch zu wählen. Außerdem stehen heute auf der Auswahlliste Spanisch und Russisch. Obwohl diese Sprachen noch eine Minderheit bilden, kann man von einer Art Wettbewerbssituation unter den Fremdsprachen sprechen.

3. Die neue Bildungsreform

Angesichts der Tatsache, daß wir uns im Moment am Ende der 90er Jahre befinden und in ein paar Jahren in das neue Jahrtausend hineintreten, fühlen sich alle, vor allem die Politiker, gezwungen, etwas für die Zukunft zu unternehmen. Unser Staatspräsident gehörte zu ihnen. YS Kim hat bei seinem Amtsantritt erklärt, daß er eine Reihe von Reformen durchführen will. Die Reformen in den Bildungsbereichen begannen mit der Gründung eines Bildungsreformausschusses im Februar 1994. Der Ausschuß verfaßte im Mai 1995 einen Bericht und machte ihn der Öffentlichkeit bekannt. Die Reformpläne, die von dem Ausschuß vorgeschlagen wurden, sollen zwischen 1995 und 1998 verwirklicht werden. Deshalb wird zur Zeit alles in den Schulen und Universitäten umgebildet, ausgebaut oder auch abgeschafft.

Die Devise heißt "Globalisierung". Darunter verstehen viele eine Umorientierung, andere sagen, das sei eine Amerikanisierung. Vor allem, was die Sprachenpolitik anbelangt, kann man die letztere Behauptung bestätigen. Nach dem Konzept sieht es so aus: Englisch wird ab der 3. Klasse angeboten, während die zweiten Fremdsprachen in noch kleinerem Umfang ab der 11. Klasse unterrichtet werden.

Im Hochschulbereich sieht es mit dem Deutsch- / Germanistikstudium noch deprimierender aus. Früher bekam ein Abiturient einen Studienplatz in einem bestimmten Fach zugewiesen, aber nach den Reformbestimmungen darf er sich in irgendeinem Fach oder in mehreren Fächern seiner Wahl spezialisieren. Dadurch verliert fast jede Universität mehr oder weniger Germanistikstudenten. Der Grund dafür ist die Realität, daß sie nach dem Studium mit ihren ärmlichen Sprachkenntnissen sehr schlecht in der Wirtschaft unterkommen, oder daß überhaupt zu wenige Stellen zur Verfügung stehen, wo Deutschkenntnisse gebraucht werden.

Nach einer Umfrage an einer Universität 1996 wollten nur 1,7% der neuen Studenten Germanistik studieren, früher waren es ungefähr 10% in einer Fakultät.

4. Rolle der Verbände

In Korea sind Germanisten und Deutschlehrer in Form einer Gesellschaft oder eines Verbandes organisiert. Die Koreanische Germanistengesellschaft (KGG) ist die Muttergesellschaft und hat die meisten Mitglieder. Die bis jetzt erschienenen Heftnummern zählen über 60. Ihre Hauptaufgabe besteht darin, wissenschaftliche Aktivitäten der Mitglieder zu unterstützen. Genauer gesagt: die schriftlichen Arbeiten werden regelmäßig veröffentlicht, Veranstaltungen durchgeführt und die internationale Zusammenarbeit gefördert. Prof. Dr. Rhie Won Yang kritisierte

1996, daß die koreanische Germanistik in ihrer Anfangsphase zu sehr nach Japan orientiert war, jetzt aber zu sehr nach Deutschland.

Seit Ende der 80er Jahre gibt es auch den Koreanischen Deutschlehrerverband (KDV). Die Oberschuldeutschlehrer haben sich mit Unterstützung des hiesigen Goethe-Instituts organisiert und sich zunächst hauptsächlich mit fachlichem Gedankenaustausch beschäftigt. Durch die langfristige Betreuung durch die Pädagogische Verbindungsarbeit (PV) und die Fachberatung werden die Deutschlehrer intensiv fortgebildet. Daher sind die Deutschlehrer in Korea im Vergleich zu anderen Fremdsprachenlehrern auf einem hohen Niveau. Vor kurzem ist eine neue DaF-Gesellschaft gegründet worden. Sie nennt sich "Koreanische Gesellschaft für Deutsch als Fremdsprache" und sieht ihre Hauptaufgabe darin, dem traditionellen Germanistikstudium in Korea zu einer Umorientierung zu verhelfen. Dieser Verband hat schon mehr als 120 Mitglieder.

Zur Zeit sind 60-70 deutsche Lektoren an verschiedenen Universitäten tätig. Sie haben vor zwei Jahren einen "Deutschen Lektorenverein" gegründet. Auf ihrer ersten Tagung wurde darüber diskutiert, was sie tun können, wollen und sollen.

Bis jetzt konnten und wollten die Vereine keinen entscheidenden Einfluß auf die Bildungs- und Sprachenpolitik ausüben, denn die meisten Fremdsprachenlehrer waren mit den politischen Maßnahmen nicht besonders unzufrieden.

Mit der Einführung der Bildungsreform sind wir aber gezwungen, uns zur Wehr zu setzen. Es wird dringend erwartet, daß diese Verbände in Zukunft noch öfter zusammenkommen, um sich über die aktuellen Probleme Gedanken zu machen und um über Sprachenpolitik zu diskutieren. Ferner ist es das Ziel der Verbände, bei der Sprachen- bzw. Bildungspolitik mitzuwirken.

5. Kooperation zwischen den Ministerien und Verbänden

Die Zusammenarbeit zwischen dem Erziehungsministerium und dem Goethe-Institut funktioniert reibungslos. Aufgrund des Kulturabkommens zwischen beiden Ländern werden jedes Jahr etwa 30 Deutschlehrer in Deutschland sprachlich fortgebildet. Dieses Programm begann im Sommer 1980 und hat sich sehr gut bewährt. An dem inländischen Fortbildungsprogramm beteiligt sich das Goethe-Instituts als Mitveranstalter. Außerdem gibt es für Deutschlehrer interne Fortbildungsprogramme, Wochenendseminare, Schulbesuche, Modellunterricht usw.

Für die Oberschuldeutschlehrer wird in Korea sehr viel getan, was uns fehlt jedoch ist die Betreuung der Deutschlehrer an den Hochschulen. Früher war ein promovierter Germanist ein paar Jahre lang Sprachlehrer und ist später gleich berufen worden, heute aber schon längst nicht mehr.

6. Bedarfs- und Bedürfnisorientierung

Jetzt komme ich zu der wichtigsten Frage unserer Germanisten und Deutschlehrer: wozu ein koreanischer Schüler oder Student überhaupt Deutsch lernt. Man wußte früher auf diese Frage so einfach zu antworten: Wir haben Deutsch gelernt, weil es ein Prüfungsfach war. In der Zeit, in der Deutsch kein Prüfungsfach mehr ist, muß man anders antworten.

Meines Erachtens ist eine Beantwortung der Frage nach der richtigen Begründung für das, was wir tun, eine der wichtigsten Aufgaben für uns. Eine klare Zielvorstellung kann den Lerninhalt sinnvoll gestalten, und das wird wiederum die Methodik angemessen bestimmen.

Wir hoffen nur, daß der Druck von außen die Qualität des Fremdsprachenunterrichts nicht mindert, vielmehr dessen Sinn bewußter macht und ihn vertieft. Durch diese kritische Situation des Deutschunterrichts in Korea erreichen wir hoffentlich auf einem anderen Weg die richtige Globalisierung und ein verbessertes Bildungsniveau.

Luxemburg

René Hubsch
Direktor der Erwachsenenbildung
Ministère de l'Education du Grand-Duché de Luxembourg
Luxemburg

Luxemburg: im Spannungsfeld zwischen dem deutschen und dem französischen Sprachraum

Zwischen Deutschland und Frankreich gelegen, ist Luxemburg seit Jahrhunderten in ständigem Kontakt mit den zwei Sprachen, welche die Kultur Europas entscheidend beeinflußt haben, nämlich Deutsch und Französisch. Übrigens war schon im Mittelalter das damalige Herzogtum Luxemburg zweisprachig, denn es umfaßte einen deutschsprachigen und einen wallonisch-sprachigen Teil.

Diese besondere geographische Lage führte sehr früh dazu, daß in den luxemburger Schulen sowohl die deutsche Sprache wie die französische Sprache gelehrt wurden. Heute gilt also die Regel, daß im 1. Jahr der Grundschule die Alphabetisierung in deutscher Sprache erfolgt und daß dann im 2. Schuljahr das Erlernen der französischen Sprache beginnt. Beide Sprachen werden als Pflichtfächer während der ganzen Dauer der Grundschule beibehalten, und auch in der Unterstufe des Sekundarunterrichts bleiben die beiden Sprachen obligatorisch. Erst in der Oberstufe des Sekundarunterrichts kann eine der beiden Sprachen abgewählt werden, und das auch nur in verschiedenen Sektionen. Die Sprachensektionen z.B. kennen dieses Abwählen nicht. Komplizierter wird die Lage noch dadurch, daß die Luxemburger ihre eigene Sprache, nämlich Luxemburgisch sprechen. Im Privatleben genau wie im öffentlichen Leben ist Luxemburgisch die normale Umgangssprache.

Ein Blick in die Richtlinien für die Lehrer der Grundschule über den Gebrauch der Sprachen zeigt die ganze Komplexität der luxemburgischen Sprachensituation. So wird festgehalten, daß im Prinzip diejenige Sprache gesprochen werden soll, in welcher das jeweilige Schulbuch verfaßt ist, also Deutsch im Deutschunterricht, Französisch im Französischunterricht. Dabei wird aber präzisiert, daß Erklärungen jederzeit in Luxemburgisch gegeben werden können (Anlage 1).

Übrigens ist Luxemburg mit einem anderen Problem konfrontiert. Die Volkszählung von 1995 hat ergeben, daß von den 406.600 Einwohnern des Grossherzogtums noch genau 274.048 die luxemburgische Nationalität besitzen. 132.552 sind also Nicht-Luxemburger, was 32,6 % der Gesamtbevölkerung ausmacht. Unter ihnen stellen die Portugiesen mit 12,1 % den größten Anteil, während die

Nachbarländer Belgien, Deutschland und Frankreich zusammen auf 8,7 % kommen. Auch der Anteil der Italiener, obschon in den letzten Jahren rückläufig, bleibt mit 4,9 % ziemlich hoch.

Um einen Sprachenwirrwarr zu verhindern, was natürlich den Unterricht in der Grundschule schwer belasten würde, setzt das Luxemburger Erziehungsministerium verstärkt auf das Erlernen der luxemburgischen Sprache in der Vorschule, deren Besuch für die 4-5jährigen obligatorisch ist. Während diesen zwei Jahren erlernen die kleinen Belgier, Franzosen, Italiener und Portugiesen spielend luxemburgisch, was die Alphabetisierung in deutscher Sprache in der Grundschule wesentlich erleichtert.

Die komplizierte Sprachenlage in Luxemburg wird übrigens vortrefflich durch das Sprachengesetz vom 24. Februar 1984 veranschaulicht (Anlage 2).

Art. 1 besagt, daß die Nationalsprache der Luxemburger Luxemburgisch ist. Die folgenden Artikel bringen dann wesentliche Einschränkungen wie z.B., daß die Sprache der Gesetzgebung Französisch ist oder daß in den Verwaltungen und vor Gericht Deutsch, Französisch und Luxemburgisch als gleichberechtigte Sprachen gebraucht werden können. Auch soll der Beamte imstande sein, in derselben Sprache zu antworten, in der er vom Antragsteller angesprochen / angeschrieben wird. Diese Bestimmung hat dazu geführt, daß jeder Anwärter auf eine Staatsbeamtenlaufbahn sich vor der Einstellung einer Sprachenprüfung sowohl in Deutsch wie in Französisch und Luxemburgisch unterziehen muß.

Alles in allem eine komplexe, ja komplizierte Sprachensituation, aber die Luxemburger fühlen sich recht wohl in dieser Lage, und dem Studium anderer Sprachen wie z.B. Englisch, Italienisch und Spanisch wird sowohl im Sekundarunterricht wie in der Erwachsenenbildung eine große Bedeutung zugemessen.

Anlage 1

L'EMPLOI DES LANGUES D'ENSEIGNEMENT

La langue d'enseignement est en principe celle du manuel utilisé: C'est-à-dire que l'allemand est employé dans le cours d'allemand, de mathématique, d'éveil aux sciences et de sciences naturelles, d'histoire, de géographie, d'enseignement religieux et de morale laïque; le luxembourgeois est employé dans le cours de luxembourgeois, le français dans le cours de français. Dans les branches d'expression, l'éducation musicale, l'éducation physique et sportive et les activités créatrices, de même que pour les cours "options et sujets divers", le luxembourgeois peut être employé; toutefois, les explications écrites sont données et rédigées en allemand. Dans les leçons d'éveil aux sciences, le luxembourgeois peut être employé pendant les travaux d'expérimentation et de manipulation.

Il est évident que pour toutes les branches dans la première année d'études, l'emploi du luxembourgeois est autorisé pendant la phase initiale d'un nouvel apprentissage. Le luxembourgeois est progressivement remplacé par l'allemand, ceci à partir de la Toussaint. L'instituteur aura cependant soin de ne pas entraver la spontanéité d'expression des enfants.

Dans les classes à forte proportion d'enfants étrangers, l'instituteur jugera opportun de donner, le cas échéant, certaines explications en français.

Anlage 2

Loi du 24 février 1984 sur le régime des langues.

Nous JEAN, par la grâce de Dieu, Grand-Duc de Luxembourg, Duc de Nassau;
Notre Conseil d'Etat entendu;
De l'assentiment de la Chambre des Députés;
Vu la décision de la Chambre des Députés du 25 janvier 1984 et celle du Conseil d'Etat du 7 février 1984 portant qu'il n'y a pas lieu à second vote;
Avons ordonné et ordonnons :

Art. 1er.- Langue nationale
La langue nationale des Luxembourgeois est le luxembourgeois.

Art. 2.- Langue de la législation
Les actes législatifs et leurs règlements d'exécution sont rédigés en français. Lorsque les actes légis-latifs et réglementaires sont accompagnés d'une traduction, seul le texte français fait foi. Au cas où des règlements non visés à l'alinéa qui précède sont édictés par un organe de l'Etat, des communes ou des établissements publics dans une langue autre que la française, seul le texte dans la langue em-ployée par cet organe fait foi.
Le présent article ne déroge pas aux dispositions applicables en matière de conventions internatio-nales.

Art. 3.- Langues administratives et judicaires
En matière administrative, contentieuse ou non contentieuse, et en matière judiciaire, il peut être fait usage des langues française, allemande ou luxembourgeoise, sans préjudice des dispositions spécia-les concernant certaines matières.

Art. 4.- Requêtes administratives
Lorsqu'une requête est rédigée en luxembourgeois, en français ou en allemand, l'administration doit se servir, dans la mesure du possible, pour sa réponse de la langue choisie par le requérant.

Art. 5.- Abrogation
Sont abrogées toutes les dispositions incompatibles avec la présente loi, notamment les dispositions suivantes :
- Arrêté royal grand-ducal du 4 juin 1830 contenant des modifications aux disposition existantes au sujet des diverses langues en usage dans le royaume;
- Dépêche du 24 avril 1832 à la commission du gouvernement, par le référ. intime, relative à l'emploi de la langue allemande dans les relations avec la diète;
- Arrêté royal grand-ducal du 22 février 1834 concernant l'usage des langues allemande et française dans les actes publics.
Mandons et ordonnons que la présente loi soit insérée au Mémorial pour être exécutée et observée par tous ceux que la chose concerne.
Château de Berg, le 24 février 1984
Jean
Le Président du Gouvernement
Ministre d'Etat
Pierre Werner
Le Ministre de la Justice
Colette Flesch
Le Ministre de la Fonction Publique
Réné Konen
Doc.par.n 2535, sess. ord. 1981-1982, 1982-1983 et 1983-1984

Marokko

Ulrike Arras
Département d'Allemand, Université Fès
Fès

Autochthone Sprachen und Fremdsprachen in Marokko

1. Die Sprachensituation

Die Sprachenlandschaft Marokkos ist äußerst komplex und politisiert, was nicht selten zu Identitätskonflikten führt. Autochthone Sprachen sind das Amazigh („Berberisch") und das marokkanische Arabisch. Das vom klassischen Arabisch abgeleitete moderne Standardarabisch gewinnt mit der nach der Unabhängigkeit mehr oder minder stark angestrebten Arabisierung an Bedeutung. Seit der Kolonialzeit dominieren in erster Linie Französisch und in den ehemaligen spanischen Gebieten z.T. auch Spanisch als Zweit- bzw. Fremdsprachen.

Das Schulsystem sieht Französisch obligatorisch als erste Fremdsprache ab dem 3. Schuljahr vor. Die zweite Fremdsprache setzt relativ spät im Alter von 16 Jahren auf dem Lycée, d.h. ab dem 10. Schuljahr ein. Englisch, Spanisch, Deutsch und Italienisch werden als Wahlpflichtfach angeboten.

Das Amazigh ist die angestammte Sprache in Nordafrika. Sein Ursprung ist umstritten, die soziolinguistische Diskussion ist nach wie vor ideologisch geprägt. Wir unterscheiden drei Dialekte des Amazigh, die heute vor allem in entlegenen Gebieten, mit zunehmender Landflucht aber auch in den Großstädten anzutreffen sind. Schätzungen gehen von 40 - 60% Amazighophonen an der Gesamtbevölkerung aus. Das Amazigh hat nunmehr einen Status als Familiensprache; seine Funktionsbreite ist stark eingeschränkt, da es offiziell gar nicht als „Sprache", d. h. als Schriftsprache gilt, obwohl es über ein eigenes Schriftsystem (Tifinagh) verfügt. Den Bestrebungen einzelner amazighophoner Gruppen um Anerkennung und Erhaltung ihrer Sprache steht die islamisch-arabische Regierung ablehnend und auch restriktiv gegenüber. Das Amazigh wird daher nicht unterrichtet. Standardisierung und Sprachausbau - auch in Zusammenarbeit mit Amazighophonen in Algerien und Tunesien - finden nicht statt. Immerhin gibt es einige wenige amazighophone Zeitschriften. Seit kurzem strahlt ein Fernsehsender in der noch immer in spanischem Besitz befindlichen Enklave Melilla Sendungen auf Spanisch und Amazigh aus.

Das Arabische hielt seinen Einzug mit der arabischen Eroberung des Maghreb im 7. und 8. Jahrhundert und der anschließenden schrittweisen Islamisierung der autochthonen Bevölkerung. Hocharabisch, die Sprache des Qur'an, hat große integrative Bedeutung für die islamische Welt. Arabisch ist somit einerseits bedeutend für die nationale, kulturelle und auch religiöse Identität. Andererseits fungiert das Neuhocharabische nicht als Umgangssprache, vielmehr ist es an ein bestimmtes Bildungsniveau gekoppelt und wird vor allem im Schriftverkehr verwendet. Seit der Unabhängigkeit hat es den Status der Nationalsprache und wird im Zuge der Arabisierungspolitik zunehmend Unterrichtssprache. Ebenso steigt seine Bedeutung in Verwaltung und Massenmedien. Nach wie vor steht es in Konkurrenz zum Französischen.

Das marokkanische Arabisch in seinen diversen dialektalen Varianten ist die eigentliche Muttersprache der Arabophonen. Es ist die am weitesten verbreitete Umgangssprache; auch Amazigophone beherrschen das offiziell nur als Dialekt des Hocharabischen anerkannte marokkanische Arabisch. Es gilt als rein mündliches Kommunikatonsmittel und wird nicht gelehrt (außer in Sprachkursen, die das American Language Center für Ausländer/innen durchführt).

Das Französische wurde offizielle Sprache in Marokko mit der Errichtung des Protektorats 1912. Als Fremd- und Unterrichtssprache und v.a. als Zweitsprache dominierte Französisch bis zur Unabhängigkeit 1956. Die ersten modernen allgemeinbildenden Schulen (im Gegensatz zu den traditionellen Koranschulen), zu denen übrigens auch Mädchen Zugang hatten, richteten sich an die marokkanischen Eliten. Ziel war die Ausbildung einer frankophonen und frankophilen marokkanischen Oberschicht. Nach der Unabhängigkeit bleibt Französisch offiziell Verkehrssprache und erste Fremdsprache des Landes. Nicht nur in Politik und Wirtschaft herrscht das Französische vor, auch die Wissenschaften, v.a. Naturwissenschaften, und intellektuelle Kreise favorisieren das Französische als - zumindest schriftliches - Kommunikatonsmittel. Französisch gilt als Fenster zur Welt, als Zugang zu Technologie und Entwicklung, wobei das Argument kolonialistischer französischer Sprachpolitik, die moderne Welt könne nicht in Arabisch, wohl aber in Französisch beschrieben werden, bis heute von vielen vorgebracht wird. So sind beispielsweise in Frankreich ausgebildete Naturwissenschaftler/innen nur ungern bereit, entsprechend der Arabisierungspolitik auf Arabisch zu lehren. Die Konsequenzen tragen die Studierenden, die durch die Reduzierung des Französischen im Schulsystem an der Universität nicht mehr unbedingt dem französischsprachigen Unterricht zu folgen vermögen. Das in allen großen, aber auch in kleineren Städten vertretene Institut Français (IF) bietet, neben differenziertem alters- und zielgruppengerechten Französischunterricht, auch spezielle Kurse für die Studierenden an, denen aufgrund ihres „baccalauréat arabisé" Französischkenntnisse fehlen, die an der Universität verlangt werden. Außerdem pflegt Frankreich etliche französische Schulen, die hauptsächlich von Kindern wohlhabender Familien frequentiert werden. Eine besonders aktive Rolle spielen die IF auch im kulturellen Leben, dank gut ausgestatteter Bibliotheken, Hilfen bei Publikationen in französischer Sprache, Veranstaltungen für Kunst, Musik und Literatur.

Die internationale Stellung des Englischen macht sich im Wahlverhalten der Schülerinnen und Schüler bemerkbar. In zunehmendem Maße wurde in den letzten Jahrzehnten Englisch als 2. Fremdsprache belegt (z. Zt. ca. 92%). Auch in der außerschulischen Bildung herrscht große Nachfrage nach Englischunterricht, die von Privatschulen, besonders dem American Language Center, bedient wird. Die Attraktivität des Englischen wird auch auf universitärer Ebene manifest: Zunehmend wird Anglistik studiert, so daß heute die Anglistik mehr Studierende zählt als das Universitätsfach Französisch. Die kürzlich eröffnete erste private Universität in Ifrane bedient sich des Englischen als Unterrichtssprache.

Spanisch hat zugunsten des Englischen deutlich als zweite Fremdsprache eingebüßt, auch in den ehemalig spanischen Gebieten: noch ca. 7% entscheiden sich für Spanisch. Nur wenige, zumeist ältere Menschen in den ehemaligen spanischen Gebieten beherrschen Spanisch als Zweitsprache, häufig jedoch nur mündlich. Täglich wird im öffentlichen Fernsehen eine Nachrichtensendung in spanischer Sprache gesendet. In den größeren Städten ist das Instituto Cervantes vertreten, wo Spanischkurse angeboten werden und kulturelle Veranstaltungen stattfinden.

Italienisch, ein relativ junges Schulfach, hat bislang noch eine sehr marginale Stellung, u. a. auch, weil es an nur sehr wenigen Lycées als zweite Fremdsprache angeboten wird.

2. Die Situation des Deutschen

Der erste Versuch, Deutsch in Marokko zu institutionalisieren, stellte die kurzlebige Deutsche Schule in Tanger dar, die 1909 gegründet und schon bald darauf nach Ausbruch des 1. Weltkrieges wieder geschlossen wurde. Deutsch wurde zunächst von der französischen Protektoratsregierung in einigen französischen Schulen eingeführt. Hierbei war Deutsch neben Spanisch und Englisch als zweite Fremdsprache Wahlpflichtfach; erste Fremdsprache war Arabisch, Unterrichtssprache Französisch. Nach der Unabhängigkeit wurde in den 60er Jahren nach französischem Vorbild Deutsch an einigen allgemeinbildenden Schulen als zweite Fremdsprache (Wahlpflichtfach) eingeführt. Im Zuge der Marokkanisierung wurden die französischen, oft aus dem Elsaß stammenden Deutschlehrerkräfte durch marokkanische Lehrkräfte ersetzt. Hierzu kooperierte das Erziehungsministerium mit dem Goethe-Institut, um marokkanische Deutschlehrkräfte entsprechend fortzubilden. Zur Zeit lernen ca. 4500 Schülerinnen und Schüler - meist unfreiwillig - Deutsch als zweite Fremdsprache (i.e. knapp 0,7%) bei 85 DaF-Lehrkräften. Die Lehrkräfteausbildung findet zentral in Rabat statt, und zwar in einem einjährigen Kurs im Anschluß an das vierjährige Germanistikstu-

dium. Die Germanistik in Marokko hat eine relativ kurze Geschichte. Die erste
Deutsche Sektion wurde 1976 an der Universität Rabat eingerichtet. 1983 wurde
das Département d'Allemand in Fès und 1986 ein weiteres in Casablanca eröffnet. In absoluten Zahlen nimmt die Anzahl der Germanistikstudierenden landesweit leicht zu: Zur Zeit sind ca. 350 Studierende der Germanistik immatrikuliert.
Prozentual betrachtet ist der Anteil der Germanistik an den marokkanischen Universitäten jedoch verschwindend gering. Deutsch wird außerdem an derzeit 10
Hotelfachschulen angeboten.

Hat das Deutsche im öffentlichen Bildungssystem eine marginale Stellung, so
beeindruckt die große Nachfrage nach Deutschunterricht bei Privatschulen. Sehr
stark frequentiert wird das Goethe-Institut Rabat-Casablanca: jährlich werden
dort nahezu 2000 ZDaF-Prüfungen (Zertifikat Deutsch als Fremdsprache) abgenommen. Sicherlich ist an den Erwerb von Sprachkenntnissen zumeist die Hoffnung geknüpft, nach Europa auswandern zu können. Daß gerade Deutschunterricht außerhalb des Schulsystems frequentiert wird, zeigt jedoch auch, daß
Deutsch nur Chancen als dritte Fremdsprache hat: Die Konkurrenzsituation zu
Englisch im Schulsystem wird Deutsch auch in Zukunft in den privaten Bildungssektor drängen.

Die Mehrsprachigkeit in Marokko ist einerseits ein Kulturschatz, Ausdruck der
mannigfaltigen Kulturkontakte in der Geschichte des Landes: Berberische
Grundlagen, arabische Eroberung, Kolonialzeit, Neokolonialismus sowie Emigration und Remigration. Die Leistungen besonders von amazighophonen Menschen, die neben ihrer Muttersprache den marokkanischen Dialekt als Umgangssprache beherrschen und im Laufe ihrer Schulausbildung Hocharabisch, Französisch und eine weitere Fremdsprache erwerben, sind beeindruckend. Andererseits
sind Diglossie, Prestige und (bewußt kontrollierte) Funktion der einzelnen Sprachen für Kulturkonflikte und soziale Gegensätze verantwortlich. Kenntnisse des
Hocharabischen und vor allem des Französischen markieren soziale Grenzen und
entscheiden über die berufliche Zukunft. Kontrollinstrument über den Zugang zu
Sprachkenntnissen ist die Bildungspolitik. Die Analphabetismusrate ist anhaltend
hoch, nämlich nach offiziellen Angaben 76,5% bei Frauen und 41,7% bei Män-
nern. Diese Menschen lernen also institutionell weder Hocharabisch noch haben
sie Zugang zu Französisch oder einer weiteren Fremdsprache. Nur ein geringer
Teil der Bevölkerung besucht die Schule bis zum Lycée, wo die zweite Fremdsprache einsetzt: Nur 25% der Sekundarschüler/innen durchlaufen das Lycée und
haben somit die Möglichkeit, eine zweite Fremdsprache nach Französisch zu
erlernen.

Neuseeland

Judith Geare
Goethe-Institut Wellington
Wellington

Warum (nicht!) DaF in Neuseeland?

1. Die sprachenpolitische Situation

Es gibt noch keine offizielle Sprachenpolitik für Neuseeland. 1987 kurz nach Erscheinen der von Joseph Lo Bianco verfaßten Sprachenpolitik für Australien ergriff das Erziehungsministerium die Initiative und organisierte Diskussionsseminare mit Vertretern der sogenannten 'Community Languages' (Sprachen, die von verschiedenen Einwanderergruppen gesprochen werden, z.B. die Sprachen der Pazifischen Inseln (Samoa, Tonga, Niue und den Cook Inseln), Holländisch, Chinesisch (Kantonesisch) und Gujerati; und der in den Schulen und an den Universitäten unterrichteten 'internationalen' Sprachen (Japanisch, Französisch, Chinesisch (Mandarin), Deutsch, Spanisch...). Wichtige Anstöße kamen von zwei nationalen Konferenzen zum Thema 'Community Languages and English for Speakers of Other Languages'. Bei der ersten hielt Jo Lo Bianco 1988 einen Vortrag über die australische Sprachenpolitik. Daraufhin wurde eine Arbeitsgruppe gebildet, die den Erziehungsminister aufforderte, seine Kollegen in der Regierung von der Notwendigkeit einer Sprachenpolitik für Neuseeland zu überzeugen.

Die Absicht der Regierung, ein Konzept entwickeln zu lassen, wurde bei der zweiten 1990 in Wellington stattfindenden Konferenz offiziell bekanntgegeben. Anfang 1991 wurde Dr. Jeffrey Waite beauftragt, ein vorbereitendes Projekt durchzuführen. Während dieses Jahres traf sich Dr. Waite mit einer langen Liste von interessierten bzw. möglicherweise betroffenen Gruppen und verfaßte 1992 ein umfassendes Konzept: 'aoteareo - speaking for ourselves: A Discussion on the Development of a New Zealand Languages Policy'.

2. Die Sprachen

Maori und Englisch sind die offiziellen Landessprachen in Neuseeland. Im Gegensatz zu Australien hat Neuseeland nicht das Modell einer multikulturellen Gesellschaft übernommen, sondern zog den Begriff 'Bikulturalismus' vor. Die zwei Kulturen sind erstens die der früheren Einwanderer, der Maori, und zweitens die aller späterer Einwanderer. Diese zweite Gruppe wird zwar immer 'multikultureller', bleibt aber nach wie vor von der angelsächsischen Mehrheit stark geprägt.

Das Konzept konzentriert sich in erster Linie auf die zwei Landessprachen: Englisch, die Sprache der angelsächsischen Mehrheit, die das Land seit Mitte des 19. Jahrhunderts dominiert; und Maori, die Sprache der früheren Einwohner, die erst 1987 zur zweiten Landessprache ernannt wurde, und die bis vor einigen Jahren auszusterben drohte. 150 Jahre nach dem 'Treaty of Waitangi', dem 1840 von Vertretern der britischen Königin und den Häuptlingen einiger wichtigen Maori-Stämme unterschriebenen Abkommen, konnten nur noch 50.000 Leute diese Sprache fließend, d.h. 1,5% der Gesamtbevölkerung oder 12% der Maori. Jahrzehntelang - auch im 20. Jahrhundert - wurde es den Maori-Kindern verboten, ihre Sprache auf dem Schulhof zu sprechen.

Eine wichtige Priorität einer Sprachenpolitik für Neuseeland wäre also das Aufrechterhalten dieser polynesischen Sprache, die nur auf diesen Inseln zuhause ist. Dazu gehört die Unterstützung von neueren Initiativen wie zum Beispiel den 'kohanga reo', vorschulischen Einrichtungen, wo ganztägig nur in der Maori-Sprache gespielt und gesungen wird. Kinder, die auf diese Art und Weise die Maori-Sprache erwerben - und es sind nicht ausschließlich Maori-Kinder - können eventuell anschließend eine Grundschule besuchen, in der fast alle Fächer auf Maori unterrichtet werden. Ein weiteres Ziel einer Sprachenpolitik wäre Maori-Unterricht - die Sprache sowie die Kultur - für alle Primarschüler an 'normalen', d.h. englischsprachigen Grundschulen.

Weitere Prioritäten einer Sprachenpolitik wären die Anerkennung der Besonderheiten von neuseeländischem Englisch, auch von der neuseeländischen Taubstummensprache, und das Recht aller nicht-englisch sprechenden Einwanderer und deren Kinder auf den Erwerb dieser Sprache. Ein wichtiges Ziel wäre aber auch Lese- und Schreibkenntnisse für alle.

Die 'weiteren' in einer Sprachenpolitik zu erwähnenden Sprachen ('LOTEM'=Languages other than English and Maori) werden auch in zwei Gruppen unterteilt: zum einen die von verschiedenen Einwanderergruppen gesprochenen Sprachen, hier 'Community Languages' genannt; zum anderen die 'internationalen' Sprachen, die als erste Fremdsprache an Schulen, Universitäten und anderen Institutionen gelernt werden.

3. Sprachen in der Schule

Für die nicht englisch- (oder Maori-) sprechenden Gruppen ist das Aufrechterhalten der Muttersprache genauso wichtig wie der Erwerb der englischen Sprache. Dr. Waite betont nicht nur das Identitätsgefühl und die Rechte der Bürger und Einwanderer auf ihre Muttersprache, sondern auch die Gewinne, die ein Land wie Neuseeland aus der Vielfalt an Kulturen und Sprachen ziehen kann.

Diese Einstellung ist für angelsächsische Länder bzw. für Leute mit Englisch als Muttersprache leider nicht selbstverständlich. Nur die bedauerliche Tendenz, daher monolingual zu bleiben (denn 'Englisch ist sowieso die wichtigste, internationale Sprache; wer braucht eine andere?'), kann die erstaunliche Tatsache erklären, daß fast zwei Drittel aller Sekundarschüler in Neuseeland keine zweite Sprache lernen, nicht einmal die zweite Landessprache.

Einige Fremdsprachen werden schon an den meisten Sekundarschulen als Wahlfächer neben Kunst, Musik, Computer, Werken und anderen entweder 'wichtigeren' oder 'leichteren' Fächern angeboten. Sie müssen aber nicht nur mit diesen anderen Fächern, sondern leider auch untereinander konkurrieren, denn mehr als zwei Fremdsprachen im Programm wäre gewagt, und die nach dem bis vor einigen Jahren noch heiligen britischen Muster 'traditionellen' Fremdsprachen - Französisch und Deutsch oder vielleicht Latein - sind jetzt den asiatischen Sprachen Japanisch und Chinesisch (Mandarin) - bald vielleicht auch Koreanisch und Indonesisch - untergeordnet. Dies sowohl aus pragmatisch wirtschaftlichen Gründen (wichtigste nicht-englischsprachige Handelspartner sind Japan und China) als auch wegen der neuen politischen Umorientierung von Neuseeland hin zum Pazifik. Spanisch ist wegen der relativen Nähe Südamerikas außerdem die kommende europäische Sprache.

Trotz dieser nicht gerade ermunternden Voraussetzungen - oder vielleicht sogar ihretwegen - ist der DaF-Unterricht zum Beispiel an neuseeländischen Schulen klein, aber meistens sehr fein. Die 'überlebenden' DaF-Lehrer haben seit Jahren für ihr Fach werben und es dann schmackhaft 'verkaufen' müssen. Sie haben auch ständig PR-Arbeit nicht nur unter Eltern, sondern auch im eigenen Kollegium und vor allem gegenüber dem fast alles autonom entscheidenden Schuldirektor leisten müssen. Das heißt, daß die mittelmäßigen, die faulen, eigentlich fast alle nicht hervorragenden DaF-Lehrer längst verschwunden sind. Es bleiben nur die engagierten, die aktiven, (die verrückten?), die es trotz aller Nachteile schaffen, Schüler für das Fach zu gewinnen und zu inspirieren.

4. Perspektiven

In seinem Bericht betont Dr. Waite nicht nur die pragmatisch wirtschaftlichen Vorteile einer nicht monolingualen Bevölkerung, sondern auch die erzieherischen und die kulturellen. Für den neuseeländischen Kontext schlägt er zwei Prioritätsstufen von zu unterrichtenden Fremdsprachen vor. Auf der höheren Stufe sind (alphabetisch geordnet): Chinesisch, Französisch, Deutsch, Japanisch, Spanisch; auf der zweiten: Arabisch, Indonesisch, Italienisch, Koreanisch und Russisch. Zu begrüßen ist seine Empfehlung, daß alle Neuseeländer während der Schulzeit mehreren Sprachen ausgesetzt werden sollten! In der Grundschule gäbe es Maori und 'Community Languages', diese in erster Linie aber nicht ausschließlich für

Mitglieder der entsprechenden Sprachgruppen. Im Sekundarbereich sollten alle Schüler die Gelegenheit haben, mindestens eine europäische und / oder eine asiatische Fremdsprache zu lernen.

'aoteareo' wurde von vielen Seiten begrüßt und gelobt, es wird immer noch oft in akademischen Aufsätzen zitiert, aber leider ist nichts Konkretes dabei herausgekommen. Die neunziger Jahre waren - und sind - eine Zeit der Umstrukturierung, der Neustrukturierung, des 'Downsizing'. überall wird Geld gespart. Neuseeland ist dafür berühmt geworden. Die Realisierung einer umfangreichen Sprachenpolitik würde natürlich etwas Geld kosten. Das Erziehungsministerium meint - eigentlich mit Recht -, daß eine Sprachenpolitik nicht nur Erziehungssache sei, sondern von verschiedenen Ministerien unterstützt werden müßte. Sie müßte dann aber von mehreren Seiten als eine Priorität betrachtet werden, und die einzelnen miteinander konkurrierenden Ministerien haben viele andere...

Seit zwei Jahren gibt es eine 'Lobby'-Gruppe, 'Languages Policy 2000', deren Ziel die Realisierung einer offiziellen Sprachenpolitik ist. 1996 wurden alle Parteien und viele einzelne Politiker von dieser Gruppe direkt angesprochen. Im Wahlkampf propagierten daraufhin Kandidaten der verschiedensten Parteien gemeinsam öffentlich ein Strategiepapier zur Umsetzung der zukünftigen Sprachenpolitik. Für das Jahr 1997 hat die Gruppe zwei Prioritäten: erstens, daß bei einer geplanten nationalen Konferenz zum Thema Einwanderungspolitik die Sprachenpolitik auch ein Diskussionsthema wird, und zweitens, daß ein 'Languages Institute' wahrscheinlich erstmals an der Victoria University of Wellington gegründet wird, damit die Arbeit der Lobby-Gruppe an Forschung und Lehre angeschlossen wird und mit angemessener informationstechnischer Ausstattung arbeiten kann.

Niederlande

Frans Beersmans
Moller-Institut
Tilburg

Zur Stellung von Deutsch als Fremdsprache im Rahmen der Fremdsprachensituation in den Niederlanden

1. Bedarf an Fremdsprachen

Als kleines Nachbarland sind die Beziehungen der Niederlande zum deutschen Sprachgebiet, insbesondere zu Deutschland, sehr intensiv. Auf dem Gebiet des Handels ist Deutschland mit Abstand der wichtigste Handelspartner der Niederlande, und sogar umgekehrt rangiert Holland seit Jahren unter den ersten drei Hauptkunden Deutschlands: Abwechselnd mit den viel größeren Ländern Frankreich und Italien belegt es die Plätze 1 bis 3, mit nur geringfügigen Unterschieden zwischen diesen drei. Auf dem Gebiet des Tourismus steht als Urlaubsziel für Niederländer zwar Deutschland nach Frankreich an 2. Stelle, aber zusammen mit Österreich (selber an 4. Stelle) steht auch hier das deutsche Sprachgebiet an der Spitze. Umgekehrt, also von Deutschland aus gesehen, belegt zwar Holland als Urlaubsziel im Durchschnitt der letzten 10 Jahre nur den 7. bis 8. Platz, aber die Deutschen stellen damit doch schon seit Jahrzehnten bei weitem das größte Touristenkontingent in den Niederlanden. Wenn man aber nicht nach Staaten rechnet, sondern weltweit, ist auf beiden Gebieten (Handel und Tourismus) erwartungsgemäß Englisch führend, was auch durch zwei statistische Untersuchungen über den Gebrauch von Fremdsprachen in der Wirtschaft und im öffentlichen Sektor - eine landesweite Untersuchung Ende der 70er Jahre und eine regionale Mitte der 80er Jahre - bestätigt wurde: Englisch ist führend, ja unerläßlich, Deutsch liegt deutlich zurück, aber selber wiederum deutlich vor der Nummer drei, Französisch (in Prozenten etwa: Englisch 98%, Deutsch 65%, Französisch 35%).

2. Die Fremdsprachen im Bildungswesen

2.1 Allgemeinbildendes Schulwesen

Dies ist seit Jahrzehnten auch die Reihenfolge im Unterrichtswesen: Mitte der 80er Jahre wurde Englisch in den letzten zwei Klassen der achtklassigen Grundschule (Alter: 4 bis 12jährige) eingeführt; in allen Zweigen des Sekundarunterrichts (Alter: 12- bis 16- bzw. 18jährige) ist es Pflichtfach. In diesem Sekundarbereich kommen im allgemeinbildenden Bereich mit seinen drei Zweigen (vergleichbar mit Hauptschule, Realschule und Gymnasium) Deutsch und Französisch zunächst als Pflichtfächer hinzu, aber nach einem Pflichtprogramm von 2 bis 3 Jahren zu je durchschnittlich 3 Wochenstunden können sie als Abschlußfächer abgewählt werden, mit anderen Worten: beide Sprachen sind dann nur noch Wahlpflichtfächer.

Und hier hat sich für Deutsch als Abschlußfach in allen drei Zweigen seit Ende der 70er Jahre eine kontinuierlich sinkende Tendenz ergeben: von ca. 60% vor 1980 auf ca. 50% heute, während Französisch in diesem Zeitraum konstant bei 30% blieb. Erwähnenswert, nicht aber als Erklärung für diesen Rückgang, ist zunächst, daß Deutsch aufgrund der starken Verwandtschaft - vor allem im lexikalischen Bereich - schon immer als relativ leicht erlernbar galt, daß aber die Grammatik - genauer: die Morphologie, z.B. die Kasus mit ihren Endungen - "berüchtigt" war und ist. Zu erklären ist der Rückgang dagegen einerseits durch eine verstärkte Hinwendung zu den naturwissenschaftlichen Fächern (im Rahmen der Frauenemanzipation vom Kultusministerium bei Mädchen besonders gefördert) und andererseits durch antideutsche Ressentiments in der niederländischen Gesellschaft, auch und gerade bei der Jugend, wie durch die aufsehenerregende Umfrage "Clingendael-Bericht" (1994) bestätigt wurde.

Dieser Bericht hat, wenn nicht zu einer Umkehr, dann doch zur Besinnung geführt; sogar auf politisch-diplomatischer Ebene wurde man aktiv (u.a. Begegnung Wim Kok - Helmut Kohl in Den Haag). Aus diesem "Clingendael-Bericht" ging übrigens hervor, daß die (modischen?) Klischees / Vorurteile, bis hin zur ansonsten verpönten Diskriminierung, am stärksten bei denjenigen Jugendlichen grassierten, die am wenigsten Kontakte mit Deutschen / Deutschland hatten ... Auch das Kultusministerium hat im Rahmen der von der EU zunehmend geförderten Internationalisierung insbesondere die Kontakte zum deutschen Nachbarn gefördert, wodurch Austauschprogramme sowohl auf Schüler- als auf Lehrer-/ Referendarebene stark zugenommen haben, namentlich mit den benachbarten Bundesländern Nordrhein-Westfalen und Niedersachsen.

Bezogen auf den oben geschilderten Rückgang des Deutschen an den Schulen entstand bereits Mitte der 80er Jahre das Gefühl, daß der gesellschaftliche Bedarf an Deutsch nicht mehr ganz gedeckt wurde, daß also Sprachdefizite bestehen bzw. zu entstehen drohen. Es wurde daraufhin eine "Stiftung zur Förderung der deutschen Sprache" in der Form einer Kooperation von Bildungssektor und Wirtschaft (nicht zuletzt deutsch-niederländische Handelskammer) ins Leben gerufen, die die - politische und journalistische - Öffentlichkeit von der Bedeutung des Deutschen durchdringen und sich bei geplanten Bildungsreformen Gehör verschaffen will (vgl. weiter unten). Die didaktische Arbeitsgruppe dieser Stiftung

"Deutsch macht Spaß" versorgt Lehrer und Schüler mit Informationen und Anregungen.

2.2 Der berufsbildende Bereich

Neben dem allgemeinbildenden Sektor gibt es einen berufsbildenden Sekundarbereich, und das schon gleich nach der Grundschule, also für Schüler ab 12 Jahren. Sein Umfang ist zwar in den letzten 15 Jahren um etwa 25% zurückgegangen, aber mit knapp 20% jedes Schülerjahrgangs immer noch beachtlich. Hier gilt im großen ganzen das gleiche Bild wie im allgemeinbildenden Bereich, nur ist hier aufgrund der starken Diversifizierung - ein agrarischer und pflegerischer Bereich mit sehr wenig Fremdsprache(n), ein technischer mit etwas mehr und ein kaufmännischer mit naturgemäß intensiv betriebenen Fremdsprachen - das Bild sehr uneinheitlich.

Es wurde nun im Schuljahr 1993/94 eine Reform des Sekundarbereichs durchgeführt, die sog. 'Basisvorming': eine Einheitsschule, die alle 12- bis 15jährigen erfassen soll, in der es für alle Schüler drei Fremdsprachen gibt, allerdings mit einer im Ermessen der betreffenden Schule liegenden möglichen quantitativen und qualitativen Differenzierung (so daß es mit der ursprünglich angestrebten Einheitlichkeit dann doch nicht so weit her ist). Auch hier hat Deutsch seinen 2. Platz vor Französisch behalten können, nur zeigt die Praxis, daß drei Fremdsprachen manche Schüler überfordern, so daß manche Schulen, insbesondere diejenigen mit einer berufsbildenden Tradition, Deutsch und noch mehr Französisch auf ein Minimum reduzieren, was von Kritikern als ein "Zugeständnis an die Schwächeren (zum Nachteil der Besseren)" angeprangert wird.

Deutsch wie Französisch bekommen auf jeden Fall die negativen Folgen im Moment zu spüren. Sorgen bereitet dabei für die nächste Zukunft auch die auf der 'Basisvorming' aufbauende reformierte Oberstufe (Sekundarstufe II) für die 16- bis 18jährigen, weil statt der früher weitgehend freien, und damit fast unbeschränkten, Fächerkombinationen von den 4 dann zur Auswahl stehenden, zu 80% bis 90% festgelegten Fächerkombinationen ('Profile'), nur eine die drei Fremdsprachen als (Wahl-)Pflichtfächer vorsieht, während bei den drei anderen eine 2. oder gar 3. Fremdsprache - nach Englisch als Pflichtfach - nur Wahlfach, also nicht Wahlpflichtfach, ist und dadurch insgesamt viel weniger im Sekundarbereich vertreten sein wird. Darüber hinaus soll in diesen drei Profilen didaktisches Neuland - zumindest neu im Sekundarbereich - betreten werden, indem getrennte Fertigkeitskurse als Wahlfächer angeboten werden sollen, die z.B. zum Teilzertifikat „Deutsch Leseverständnis" führen ...

2.3 Der Tertiärbereich

Zum Schluß ist zum Tertiärbereich zu vermelden, daß seit etwa 15 Jahren die Lehrerstudentenfächer um ca. 40% zurückgefallen sind, was teilweise durch neue Studiengänge wie "Europa- bzw. Deutschlandstudien" und "Allgemeine Sprach- und Literaturwissenschaft" (mit den Schwerpunkten Niederlandistik bzw. Anglistik) ausgeglichen wurde. Im Rahmen der Reaktion auf den oben erwähnten "Clingendael-Bericht" wurden mit tatkräftiger Unterstützung des Kultusministeriums 1995 drei akademische Forschungs- / Lehrinstitute mit dem Schwerpunkt Deutsch(land) gegründet, in Amsterdam Geschichtsforschung, in Utrecht Sprache, Didaktik und in Nimwegen Kulturraumforschung. Germanistik als Deutschlehrerfach ist aber sogar um mehr als 50% gesunken. Die Erklärung dafür ist wohl auch hier in den antideutschen Ressentiments zu suchen. Landesweit gibt es jetzt auf diesem inzwischen sehr niedrigen Niveau für die Sekundarstufe I und II jährlich jeweils nur etwa 100 bis 120 Studienanfänger (Holland kennt nur ein Ein-Fach-System). Dadurch ist die Lehrerarbeitslosigkeit (der Hauptgrund für den allgemeinen Rückgang) bei Deutsch am geringsten (es droht demnächst sogar ein Deutschlehrermangel), während aber andererseits die - auch in Deutschland nicht unbekannte - Vergreisung des Lehrkörpers wegen des oben geschilderten Schülerrückgangs durch die vermehrte Abwahl des Deutschen als Abschlußfach gerade bei Deutsch am stärksten zu Buche schlägt.

Polen

Halina Stasiak
Universität Gdansk/Polen

Entwicklungsperspektiven des Deutschen als Fremdsprache in den MOE-Ländern
(am Beispiel von Polen)

1. Die frühere Situation

Fremdsprachen gehörten schon längere Zeit vor der Wende um 1989 zu den gefragtesten Elementen der Ausbildung in Polen. Viele verschiedene Sprachkurse entwickelten sich stürmisch und wurden eigentlich zur Wiege des außerstaatlichen Schulwesens. Es hat schon damals Fremdsprachenzentren - und Schulen gegeben, deren Absolventen sich fließend verschiedener Fremdsprachen bedienten und imstande waren, Zertifikatsprüfungen auf hohem Niveau erfolgreich abzulegen. Gleichzeitig aber war der fremdsprachliche Schulunterricht in dieser Zeit ziemlich lahm, die Schulleistungen der Schüler waren sehr oft weit entfernt von den Erwartungen. Die Ursachen dieses Sachbestandes waren vielschichtig und entstammten politischen, emotionalen und materiell-organisatorischen Quellen. In den letzten Jahren sind wir Zeugen einer gewaltigen Umstellung der Schulsysteme in den MOE-Ländern in bezug auf die Sprachenpolitik. In dieser Umstellung spielt die deutsche Sprache eine immer größere Rolle. Wie bekannt, ist bis 1989 Russisch in all diesen Ländern die führende Fremdsprache gewesen, als obligatorisches Fach in allen Typen von Schulen, Hochschulen und Universitäten. Es ist hier kein Platz dafür, sich mit den Lernergebnissen auseinanderzusetzen, obwohl für Spracherwerbsforscher dies eine reiche Quelle von Beobachtungen sein könnte, hinsichtlich der Rolle von emotionalen Faktoren, die sich auf die Leistungen, (bzw. keine Leistungen) im Bereich des sprachlichen Könnens ausgewirkt hatten.

2. Die Veränderungen

Sei es dem, wie es war, ab 1989 wurden die europäischen Sprachen dem Russischen gleichgestellt, was einerseits ihre Einbürgerung förderte, andererseits aber eine ganze Reihe von neuen Problemen schuf, wenn wir hier nur auf den Mangel an entsprechend vorbereiteten Deutsch-, Englisch-, Französischlehrer weisen, oder auf den Mangel an modernen regionalen Lehrwerken, u.a. In staatlichen und noch mehr, in privaten Schulen aller Typen gewinnen Fremdsprachen immer mehr an Bedeutung. Es wird viel früher mit dem Unterricht angefangen - ab der dritten, oft auch ab der ersten Grundschulklasse, es entstehen zahlreiche bilinguale Schulen (auch Grundschulen), in denen auch andere Fächer in der Fremdsprache unterrichtet werden. Für diese Schulen werden Curricula bearbeitet - im Bereich DaF gibt es schon sehr interessante Programmvorschläge für alle Typen der Schulen.

3. Aus- und Fortbildung der Lehrkräfte

Die stärkste Barriere für die Entwicklung des Fremdsprachenunterrichts an Schulen ist vor allem Mangel an entsprechend vorbereiteten Fachlehrern. Zur Überwindung dieses Mangels wurden neue Lehrerbildungsanstalten geschaffen, deren Aufgabe es war, in kürzerer Zeit qualifizierte Lehrer im Bereich der sog. "westlichen" Sprachen für die Schulen vorzubereiten. Diese Einrichtungen waren zunächst auf einem, in allen MOE-Ländern ähnlichem Konzept aufgebaut, als selbständige von den universitären Neuphilologien zwar betreut, aber sich autonom entwickelnde Höhere Berufsschulen. In Ungarn, in Tschechien und in der Slovakei wurden sie allmählich in die universitären Lehrstühle integriert, wobei das neuphilologische Studium zweistufig absolviert werden konnte: Nach drei Jahren erreichte der Absolvent / die Absolventin eine Höhere Berufsausbildung, nach weiteren zwei den Magistergrad in Neuphilologie. Dieses Konzept vertritt auch in Polen z.B. der Lehrstuhl für Germanistik an der Adam-Mickiewicz-Universität in Poznan. Die Entwicklung in Polen verfolgte sonst aber das ursprüngliche Konzept: Es entstanden (und sie bestehen bis heute) in kurzer Zeit ab 1990 über sechzig sog. Kollegs für Fremdsprachenlehrer, welche in einem sechsemestrigen Studium Lehrer mit Lizenziatsgrad ausbilden. Die meisten dieser Kollegs unterstehen den regionalen Schulbehörden (Kuratorien), einige wurden als Hochschulfakultäten gegründet und einige sind private Einrichtungen mit ministerieller Lizenz. In 47 Kollegs werden Deutschlehrer ausgebildet. Bis Ende des Sommersemesters 1996 wurden in diesen Einrichtungen ca. 2.450 Fremdsprachenlehrer ausgebildet, davon ca. 900 Deutschlehrer (das sind fast 37%. Englisch, welches immer als führende Fremdsprache angesehen wurde, nimmt auch heute noch den ersten Platz mit ca.48% ein.).

4. Die Situation der Fremdsprachen

Die Tendenz für das Deutsche ist generell gesehen wachsend, allerdings regional unterschiedlich: Es gibt Regionen, wo es weit unter dem Englischen liegt und solche, in denen es im Vergleich zum dem Englischen dieselben Größen aufweist oder sie sogar übersteigt. Noch deutlicher sieht man die allgemeine Entwicklungstendenz im Bereich Fremdsprachen anhand von einer Zusammenstellung des CODN (Zentrale für Fort- und Weiterbildung von Lehrern) betreffs der Fremdsprachenlehrer (Warschau 1994), welche den Stand vom Jahr 1988 mit dem von 1992 vergleicht. Für die Deutschlehrer liegen die Werte zwischen 10,9% im Jahre 1988 und 22,8% im Jahre 1992, d.h. also, daß die Anzahl von Lehrern sich in dieser kurzen Zeit verdoppelt hat (Englisch - von 8,7% auf 27,3%, Französisch von 3,8% auf 7,0%, Russisch von 78,5% auf 42,5%). Im Jahr 1994 stieg die Anzahl der Deutschlehrer auf 25,8%, und, wie schon oben angedeutet, liegt sie heute bei 37% Deutschlehrer in Polen.

Jahre:	Prozentsatz aller Fremdsprachenlehrer:
1988	10,%
1992	22,8%
1994	25,8%
1996	37,0%

Das Englische dominiert immer noch in den Großstädten. Deutsch hat zwar in keiner der Regionen eine dominierende Stellung, allerdings ist die Sprache stark vertreten in den grenznahen westlichen Woiwodschaften. Die Werte liegen zwischen 30% und 43%, was durch die Tatsache, daß diese Gebiete einst vor allem deutschsprachige Gebiete waren, leicht zu erklären wäre, wobei aber z. B. Opole (ehem. Oppeln), die einzige Region, wo Deutsch auch als Muttersprache unterrichtet wird, mit 37,1% auf demselben Niveau steht, wie z.B. Leszno, wo Deutsch nur als Fremdsprache funktioniert. Die grenzüberschreitende Funktion der Sprache wird auch deutlich, wenn man z.B. die Region Gdansk/Danzig analysiert, wo , trotz der Tatsache, daß auch sie einst ein deutschsprachiges Gebiet war, heute das Englische, mit 52% am stärksten in Polen vertreten ist.

5. Die Situation auf dem Lehrwerkmarkt

Zu einem großen Problem wurde im Laufe der Entwicklung in den letzten Jahren die Situation auf dem Lehrwerkmarkt. Vor 1989 wurden den Lehrern Lehrbücher für den Fremdsprachenunterricht vom Ministerium für Erziehung (dem polnischen Bildungsministerium) als obligatorisches Unterrichtsmittel vorgelegt, wobei es schon als demokratische Errungenschaft galt, wenn zwei oder drei Titel zur Wahl vorlagen. Heute ist die Situation in diesem Bereich in Polen ähnlich wie in anderen europäischen Ländern auch: Eine große Anzahl von Lehrwerken ist auf dem Markt erschienen, sowohl von polnischen Autoren bearbeitet, als auch Lizenzausgaben von bewährten Lehrwerken aus Deutschland und originellen Angeboten von diversen Verlagen direkt vom Ausland. Die Rolle des Ministeriums beschränkt sich auf das Aufstellen einer Zulassungsliste, welche zahlreiche Titel umfaßt, die für den Unterricht in staatlichen und anderen, vom Ministerium anerkannten Schultypen eingeführt werden dürfen. Plötzlich wurden die Lehrer vor eine völlig für sie neue Situation gestellt: die autonome Entscheidung, welches Lehrwerk als Kursbuch in den jeweiligen Unterricht aufgenommen wird. Diese Entscheidung wird nicht nur durch das Wissen bzw. Unwissen betreffs des sachlich-didaktischen Wertes des Lehrwerks getroffen, sondern vor allem wird sie durch den Preis des Lehrwerks und seine Zugänglichkeit bestimmt. Die Bildung ist plötzlich zur Ware geworden, wo die Möglichkeiten, Kosten zu tragen, oft auch über die Qualität entscheiden.

Dies trifft in hohem Maße auch auf den Fremdsprachenunterricht zu. An polnischen Hochschulen und Universitäten wurde der bisher obligatorische Kurs von oft zwei oder mehreren Fremdsprachen enorm beschränkt und des öfteren als kommerzielle Dienstleistung angeboten. Für viele wurden Kurse zu teuer, Unterrichtsmaterialien oft unerschwinglich . Für die Schicht der Neureichen dagegen wurden auf einmal alle, auch im Westen teure Ausbildungsformen, zur täglichen Norm. Bis sich die materielle Basis des Landes stabilisiert hat, muß damit gerechnet werden, daß Erlernen von Fremdsprachen, darunter auch des Deutschen, außerhalb des staatlichen Schulwesens zu den luxuriösen intellektuellen Gütern gezählt wird.

6. Fazit

Die wichtigste Aufgabe für die nächste Zukunft für das Grund - und Oberschulwesen besteht also in der Sicherung eines hochqualifizierten Fremdsprachenunterrichts in den Schulen, wenn eins der Postulate der Integrierung in die Europäische Union - das der Kommunikationsfreiheit und -möglichkeit - eine Chance haben soll, erfüllt zu werden.

Russische Föderation

Erika S. Rachmankulowa
Moskauer Pädagogische Hochschule
Moskau

Deutschunterricht in der Russischen Föderation als Ausdruck der neuen Trends in der Sprachpolitik

1. Die neue Situation

Der Fremdsprachenunterricht ist in den letzten Jahren in einem enormen Aufschwung begriffen. Hier sind viele Fortschritte zu verzeichnen. In allen Typen von Schulen ist der landeskundliche Aspekt in den Vordergrund gerückt. Besonders sind in dieser Hinsicht die Spezialschulen mit erweitertem Sprachunterricht hervorzuheben. Die zahlreichen Beziehungen zwischen der Russischen Föderation und dem Ausland haben es möglich gemacht, daß es sogar zu dem didaktischen Vergleich zwischen bilingualer Entwicklung der Schüler in den Schulen der Russischen Föderation und im Ausland kommen konnte. Man trägt sich auf russischem Boden mit einem Pilotprojekt der Entwicklung des russischen Modells der Euroschule. Darum sind überall solche Gesellschaftswissenschaften eingeführt, wie Landeskunde, Linguodidaktik, Mentalität der Muttersprachler, Kulturkunde der anderen Völker. Sehr ergiebig ist in dieser Hinsicht der Kontakt von Lehrern und Schülern der bilingualen Schulen mit Vertretern der europäischen Schulen bei der gemeinsamen Organisation von Sommerlehrgängen, bei der Teilnahme an internationalen Jugendaktionen, beim Erfahrungsaustausch, wenn pädagogische Innovationen eingesetzt werden. Dabei wird ein großer Wert auf die Entwicklung von autodidaktischen Fähigkeiten der Studierenden gelegt. Die Vertreter der Versuchsschulen geben allmählich die Ansicht auf, daß die Fremdsprache eine Lerndisziplin sei, und gelangen zu der Ansicht, daß die Fremdsprache ein kognitives Instrument der Selbsterkenntnis und -entwicklung ist.

Ebenso ist es um die Sprachpolitik in der Versuchsschule Nr.1269 mit erweitertem Deutschunterricht in Moskau bestellt. Das Hauptanliegen des schulischen Kollektivs ist es, die positive Motivation der lernkognitiven Tätigkeit von Schülern zu gewährleisten. In dieser Schule werden neue Lehrverfahren verwendet und ausgewertet. Neben dem Deutschen wird auch als Zweitfremdsprache Englisch erlernt, es wird sogar ein Telekommunikationsaustausch mit einigen Schulen in Florida vorgenommen. Die Schüler der 9. und 10. Klasse fahren nicht nur zum Touristikaufenthalt, sondern lernen auch zusammen mit den deutschen Kindern 2 - 4 Wochen in Gymnasien der Länder Nordrhein-Westfalen und Baden-Württemberg. Die deutsche Kulturkunde reicht über die Lektüre von klassischen und gegenwärtigen literarischen Werken hinaus, sie verlockt die Schüler, ein richtiges deutsches Theater zu errichten, wobei nicht nur leichte Bühnenwerke aufgeführt werden, sondern auch klassische Stücke von Goethe und Schiller.

2. Kontakte und Kooperationen

Eine große Rolle spielt jetzt die Unterstützung durch das Goethe-Institut in Moskau mit Lehrbüchern und Lehrmitteln, mit seiner schönen Bibliothek, die es nicht nur den Deutschlehrern, sondern auch allen Deutschstudierenden zur Verfügung stellt. Ein wichtiger Aspekt der humanistischen Ausbildung zeigt sich besonders bei dem Pilotprojekt "Moskau-Metropolis", unterstützt von den Niederlanden. Alles das: die Möglichkeit, über Deutschlandreisen mit deutschen Freunden im Briefverkehr zu stehen, in der Bibliothek des Goethe-Instituts zu arbeiten, an der sogenannten Vier-Wochen-Veranstaltung als Schauspieler oder Sänger teilzunehmen, verbessert gründlich die ganze Fremdsprachensituation in einer Schule, in einer Region und im ganzen Land, eröffnet für die Schulabgänger weitere Lebensperspektiven. Die Schüler entwickeln schon bei ihrem schulischen Deutschunterricht Dolmetscher- und Übersetzerfertigkeiten. Man führt in solchen Schulen mit erweitertem Deutschunterricht jährlich einen Wettbewerb unter angehenden Dolmetschern und Übersetzern durch.

Aber alles das wurde von den Spezialschulen gesagt. In der letzten Zeit können aber auch nicht nur an den Spezialschulen Fortschritte beim Deutschunterricht verzeichnet werden. Im Deutschunterricht sind besonders die neu errichteten Gymnasien erfolgreich. Das können wir am Beispiel von Gymnasien der Stadt Mitschurinsk des Tambower Gebiets beobachten. Hier wirkt ein gut durchdachtes System: Kindergarten - Progymnasium - Gymnasium. Dieser systemhafte Deutschunterricht steht unter der Kontrolle des Deutschlehrstuhls der Pädagogischen Hochschule in Mitschurinsk. Es werden hier deutsche Lehrbücher, wie zum Beispiel H. Meese "Deutsch - warum nicht?", und auch innovatorische einheimische Lehrbücher, zum Beispiel I-E.S.Rachmankulowas "Intensive Grammatik der deutschen Gegenwartssprache" benutzt.

Für die nicht spezialisierten Schulen gibt es einen Stimulus zum gründlichen Deutschlernen, und zwar in Form von jährlichen Deutscholympiaden. Die Gewinner bei diesen Olympiaden werden ohne Aufnahmeprüfungen in die sprachlichen Lehranstalten aufgenommen.

3. Fazit und Perspektiven

So stellt es sich heraus, daß die Sprachpolitik jetzt in der Russischen Föderation einen richtigen Weg eingeschlagen hat: Man muß möglichst viele Kontakte mit Muttersprachlern aufnehmen, deutsche Lehrmittel benutzen und nicht zuletzt gute Lehrkader ausbilden. An allen sprachlichen Lehranstalten werden jetzt deutsche Lehrbücher gebraucht, in erster Linie an solchen, die neu konzipiert worden sind.

Es gibt aber im gegenwärtigen Rußland eine vortreffliche Möglichkeit, alle innovatorischen Bemühungen von Fremdsprachenlehrern unter ein Dach zu bringen. Das ist die Tätigkeit des Russischen Instituts für Weiterbildung von Lehrkräften (RIPKRO). Dieses Weiterbildungszentrum arbeitet im Zusammenklang mit regionalen Zentren für die Weiterbildung von Fremdsprachenlehrern, mit pädagogischen Kollektiven an den Hoch- und Mittelschulen in verschiedenen Städten Rußlands: Permj, Tscheljabinsk, Wladimir, Pskow, Nishny Nowgorod, Samara, Nowokusnezk, Abakan, Nowouralsk, Sotschi, Tambow, Brjansk, Jaroslawl. Die geographische Lage der genannten Städte zeugt davon, daß im größten Land Europas in absehbarer Zeit große Fortschritte beim Fremdsprachenlernen zu erhoffen sind.

Schweiz

Monika Clalüna-Hopf
Arbeitskreis DaF in der Schweiz
Horw

Die Schweiz: Viersprachigkeit als tragende Staatsidee - Mühenmit der Vielsprachigkeit

Deutsch als Fremdsprache in der Schweiz muß sprachpolitisch unter zwei Aspekten gesehen werden. Es ist einerseits eine der vier Landessprachen und damit in den Schulen der französischsprachigen Schweiz obligatorische erste Fremdsprache. In der deutschen Schweiz ist es die Zweitsprache, mit der die Migranten und Migrantinnen und ihre Kinder im Alltag zurecht kommen müssen. Da in diesem internationalen Kontext der erste Aspekt vielleicht von breiterem Interesse ist, wird er ausführlicher behandelt.

Zum Beispiel: Stefan

Für ihn war es schon als Kind eine Selbstverständlichkeit, daß in seiner Familie verschiedene Sprachen gesprochen werden. Mit den Eltern und mit seinen Spielkameraden hat er zwar immer Schweizerdeutsch, genauer "Lozärndütsch", den Dialekt von Luzern gesprochen, aber wenn die Schweizer Großeltern zu Besuch kamen, sprachen Vater und Mutter mit der Großmutter Französisch. Sie kam aus französischen Schweiz und hatte in den vielen Jahren, die sie in der deutschen Schweiz verbracht hatte, nie richtig Deutsch gelernt, sie mochte das Deutsche nicht besonders. Auch der Großvater sprach Französisch, obwohl er eigentlich zu der kleinen Minderheit der Rätoromanen gehörte. Er war darauf sehr stolz und sagte immer "viva", wenn er sein Weinglas hob und seine Kartengrüße schloß er mit "cordials saluds" ab. Das Französisch, das Stefan so gelernt hat, hat ihm im Französischunterricht in der Schule allerdings nicht viel genützt, da ging es dann mehr darum, unregelmäßige Verben zu kennen, im Diktat alle Akzente richtig zu setzen und ja den subjonctif nicht zu vergessen. Auch ein paar italienische Wörter hat er schon als Kind gelernt, von seinen italienischsprachigen Klassenkameraden und auch in den Sommerferien im Tessin. Dort wurden die 1.-August-Feste1 genau wie daheim mit Fahnen und Reden und Feuerwerk begangen - nur einfach auf Italienisch. Das Fernsehen macht kleinen Schweizern und Schweizerinnen schon früh bewußt, daß es außer dem heimischen Dialekt auch ein Hochdeutsch gibt. Und das "Fernsehdeutsch" verwenden sie oft in ihren Spielen, denn

ein "Hände-hoch-oder-ich-schiesse" auf Schweizerdeutsch würde jegliche ein-
schüchternde Wirkung verlieren. Und wenn Stefan später beim Militär gewesen
wäre, dann hätte er erlebt, daß auch in der Schweiz Kommandos nur die richtige
Härte enthalten, wenn sie auf Hochdeutsch geschrien werden ... Diese sonst klare
Aufteilung zwischen Dialekt und Hochdeutsch wurde für Stefan allerdings etwas
kompliziert durch seine anderen, die deutschen Großeltern. Denn obwohl sie ja
aus Deutschland zu Besuch kamen, sprachen sie nicht so wie die Sprecher am
Fernsehen; besonders die Großmutter hatte einen ähnlichen Dialekt wie sein
neuer Freund aus der Ostschweiz. Probleme aber hatte er damit eigentlich keine.
Mehrsprachigkeit als Teil des nationalen Selbstverständnisses Spracherfahrungen
wie die von Stefan sind in der Schweiz nicht ungewöhnlich, wenn auch nicht die
Regel. Und sie haben wohl zu der Vorstellung beigetragen, daß in der Schweiz
alle Menschen mehrere Sprachen sprechen. Und Schweizer und Schweizerinnen
sagen auch gern von sich selbst: "wir sind viersprachiges".

Jeder Schweizer oder jede Schweizerin einzeln genommen ist es zwar nicht,
aber insgesamt, alle zusammen genommen, sind "wir Schweizer" eben vierspra-
chig. Die Betonung der Mehrsprachigkeit ist in der Schweiz im Laufe dieses
Jahrhunderts zu einer tragenden Staatsidee und zu einem wichtigen Teil des
Selbstverständnisses von Schweizern und Schweizerinnen geworden, so befindet
sich z. B. auf der ersten Seite der internet home page der Schweizerischen Eidge-
nossenschaft gleich neben der Inhaltsübersicht als einzige direkte Information
eine Grafik über die Sprachanteile. Alle anderen Informationen müssen dagegen
über das Inhaltsverzeichnis erschlossen werden (http://www.admin.ch). Die Betonung der Mehrsprachigkeit als verbindendes nationales Merkmal findet sich
auch in allen Sprachregionen, obwohl es sonst zwischen ihnen erhebliche Differenzen gibt, die mit dem Bild vom "Röstigraben" oder "rideau de rösti"2 um-
schrieben werden. Unterschiedliche Mentalitäten und Kulturen spielen hier eine
Rolle, aber auch die politischen und wirtschaftlichen Unterschiede zwischen den
Regionen. Wie Friedrich Dürrenmatt schon festgestellt hat, leben die Schweizer
verschiedener Sprachen oft mehr nebeneinander als miteinander. Oder - nach
einem mot aus der Romandie: La Suisse est un pays ou on s'entend bien parce
que on ne se comprend pas. Im Frühjahr 1996 wurde nach mehrjährigen Diskussionen ein neuer Sprachenartikel in die Verfassung aufgenommen, der einen
vermehrten Austausch zwischen den Sprachregionen und die Förderung der
sprachlichen Minderheiten ausdrücklich postuliert und damit auch dem Sprachunterricht in den Schulen neue Aufgabe zuweist. Nicht im Sprachenartikel erwähnt werden allerdings die Einwohnerinnen und Einwohner, die eine andere als
eine der vier Landessprachen sprechen, also die Migranten und ihre Kinder. Für
ihre Situation sind in der föderalistischen Schweiz die Kantone zuständig, die
sehr unterschiedlich damit umgehen.

Sprachunterricht in den Schulen

Für den Fremdsprachenunterricht in den Schulen ist die Konsequenz aus der
Mehrsprachigkeit zunächst einmal die, daß als erste Fremdsprache selbstver-
ständlich die Sprache einer anderen Schweizer Sprachregionen gelernt werden
muß. Alle deutschsprachigen Kinder haben also in der Schule mehrere Jahre
Französischunterricht (im Kanton Uri: Italienisch), alle französischsprachigen
Kinder lernen Deutsch als erste Fremdsprache.

Das ist eigentlich eine günstige Ausgangslage für den Fremdsprachenunterricht
in den Schulen und man könnte sich einen sehr lebendigen und erlebnisnahen
Unterricht vorstellen, in dem mit authentischem Material aus der anderen Sprachregion gearbeitet wird, die Erfahrungen von Schülern wie Stefan einbezogen
werden, Ausflüge in die andere Sprachregion gemacht werden, Schülerpartner-
schafts- und -austauschprojekte durchgeführt werden. Leider ist dies heute viel zu
selten der Fall. Zu wenig Lehrer und Lehrerinnen nutzen solche Möglichkeiten
und sowohl der Deutschunterricht in der französischen Schweiz wie der Französischunterricht in der deutschen Schweiz gehören zu den ausgesprochen unge-
liebten Fächern bei den Schülern und Schülerinnen. Eine Mehrheit würde lieber
als erste Fremdsprache Englisch lernen und tatsächlich ist oft Englisch die Kom-
munikationssprache zwischen deutschsprachigen und französischsprachigen
Schweizern und Schweizerinnen. Daß die Deutschschweizer generell lieber Dialekt sprechen als Hochdeutsch macht die Verständigung für die Romands3 nicht
leichter. Der Sprachunterricht in den Schulen hat bisher zu wenig getan, die Situation der Schweizer Mehrsprachigkeit zu nützen und die Differenzen zwischen
den Sprachregionen zu überbrücken. Schulbücher und Unterrichtsmaterialien
sind oft veraltet und werden der speziellen Situation in der Schweiz meist nicht
gerecht. Die Weiter- und Neuentwicklung eigener Schweizer Materialien ist ein
äußerst langwieriger Prozeß, so daß in manchen Kantonen nun Deutsch- oder
Französischlehrmittel großer Verlage verwendet werden, die für ein internatio-
nales Publikum geschrieben wurden und oft den Lebenserfahrungen von Schweizer Landkindern nicht entsprechen. Lehrer und Lehrerinnen orientieren sich für
das Fach Deutsch vor allem an der Bundesrepublik oder an Frankreich für das
Fach Französisch. Aber die Diglossiesituation in der deutschen Schweiz wird oft
kaum ein Wort verloren und es wird wenig Interesse und Verständnis für die
Dialekte geweckt, die es ja auch im Italienischen oder Rätoromanischen gibt. Mit
der Verabschiedung des neuen Sprachenartikels und der Verpflichtung des Bun-
des und der Kantone auf eine vermehrte Förderung des Austauschs zwischen den
Sprachregionen besteht nun die Hoffnung, daß sich diese unbefriedigende Situation verbessert. Verschiedene Institutionen haben bereits ihre Vorschlage und
Forderungen angemeldet. So sind zum Beispiel in der Lehrerausbildung Anstren-
gungen nötig, damit die einseitige Orientierung auf die Sprache Goethes oder

Victor Hugos abgebaut wird. Die positiven Erfahrungen durch Sprachaufenthalte und Partnerschaften zwischen den Schulen und berufsbildenden Institutionen sollen genutzt werden. Schließlich soll auch die Zwei- und Mehrsprachigkeit vor Ort besonders gefördert werden. Diese letzte Maßnahme könnte dann besonders auch den fremdsprachigen Kindern zugute kommen, die heute noch mit sehr unterschiedlichen Schulsystemen und Fördermaßnahmen in den Kantonen konfrontiert sind, denn die geltenden Schulmodelle basieren auf dem Territorialprinzip, d.h. Schulsprache ist die Sprache der Landesregion. Neue Schul- und Unterrichtsmodelle, die die Mehrsprachigkeit in den Unterricht einbeziehen, basieren zwar immer noch mehrheitlich auf den Landessprachen und sind vor allem an den Sprachgrenzen angesiedelt. Trotzdem schaffen sie langsam das Bewußtsein, daß Zweisprachigkeit ein Gewinn und kein Hindernis für das Lernen in der Schule darstellt. Dies wird zunehmend von Bedeutung sein, denn die Schweiz bewegt sich von der Viersprachigkeit auf die Vielsprachigkeit zu. Bereits sprechen viel mehr Einwohnerinnen und Einwohner eine slawische oder eine iberische Sprache als Muttersprache, während die kleine Minderheit der Rätoromanen nur noch rund 40'000 Personen umfaßt.

Das Zusammenleben der verschiedenen Sprachgruppen in der Schweiz wird im Ausland manchmal als modellhaft angesehen, obwohl die geografischen Sprachgrenzen jetzt eher trennenden Charakter haben und die vier Landessprachen eigentlich in Konkurrenz zueinander stehen. Mit der Entwicklung zur Vielsprachigkeit wird nun die bisher weitgehend sprachliche Einheit der Regionen aber aufgebrochen. Eine erfolgreiche Sprachpolitik wird auch daran gemessen werden, ob sie vermitteln kann, daß dies für Schweizer und Schweizerinnen keinen Verlust sondern einen Gewinn an sprachlicher und kultureller Vielfalt bedeutet.

Bibliographie:

Confoederatio Helvetica: http://www.admin.ch
Botschaft zum Sprachenartikel, erhältlich bei der Bundeskanzlei, CH-3003 Bern
Vouga, Jean-Pierre (Red.), La Suisse face à ses langues. Die Schweiz im Spiegel ihrer Sprachen, Aarau 1990 von Flüe-Fleck, Hanspeter, Deutschunterricht in der Westschweiz, Aarau 1994
Dürrmüller, Urs, Mehrsprachigkeit im Wandel, St. Gallen 1996
(herausgegeben von Pro Helvetia - kann bei allen Schweizer Botschaften gratis bezogen werden)

Senegal

Diop El Hadj Ibrahima
Ecole Normale Supérieure
Dakar

Zur sprachenpolitischen Situation im frankophonen Afrika mit besonderer Berücksichtigung des Faches Deutsch: Hintergründe und Ausblick

Ein genuin afrikanisches sprachenpolitisches Konzept der Fremdsprachenvermittlung im frankophonen Afrika gibt es nicht. Was bislang als Grundlage und Orientierungshilfe für die Vermittlung von fremder Kultur und Sprache gegolten hatte, kam aus der Substanz der Bildungsphilosophie. In diesem Teil des afrikanischen Kontinents subsumiert man Fragen der Sprachenpolitik in die Bildungsphilosophie.

Wer die Hintergründe dieser Tradierung nachvollziehen will, wird feststellen, daß ähnliche Konzeptionen in der französischen Fremdsprachenvermittlung feststellbar sind. Die Bildungsphilosophie erfährt hier eine Aufblähung, und die Sprachenpolitik wird meistens als Verfahrenstechnik verstanden. Ähnliche Entwicklungen kann man bemerken, wenn man die Inhalte auf den Gebieten der Pädagogik, der Didaktik und Methodik bestimmen will. Sprachphilosophisch ist diese Entwicklung in der Art und Weise bemerkbar, wie man diese Begriffe in der Frankophonie verstanden haben will. Unter Didaktik versteht «Le Dictionnaire de la langue Pédagogique » nur noch die Lerntechniken; d.h., nur die instrumentelle Hilfestellung wird hier wahrgenommen: «La pédagogie moderne considère la didactique tout au plus comme un pis-aller parce qu'elle s'appuie surtout sur les mécanismes d'enregistrement mnémique, au plus de favoriser l'assimilation du savoir par le travail de découverte et de création» (Dictionnaire de la langue Pédagogique 1971, 127). Diese restriktive Sicht der Begriffe Pädagogik und Didaktik auf lerntechnische Fragestellungen und unterrichtswissenschaftliche Aspekte geht mit einer semantischen Ausdehnung des Begriffes Sprachenpolitik auf bildungsphilosophische Problemfelder zusammen. Das sprachphilosophische Verständnis des Begriffes Sprachenpolitik wird demnach institutionalisiert.

Ein Fazit dieser Tradierung ist, daß die Kulturvermittlung unter vorgegebenen Umständen verstanden wird. Unter Kultur wird meistens die historische Kultur verstanden. Diese Tradierung fußt in der Geschichte des französischen humanwissenschaftlichen Bildungswesens. Ein fremdsprachenpolitisches Konzept im Senegal schreibt vor, daß der literaturgeschichtliche Aspekt im Erwerb der fremden Kultur wichtiger sein soll als alles andere. Dies stellt sich dar als eine Hierarchisierung bei der Bestimmung des Lernstoffes und der Lernzielformulierung.

«L'enseignement des langues vivantes est destiné à accroître la sensibilité littéraire de nos élèves grâce à une étude thématique des textes d'auteurs. Ces textes fourniront l'occasion d'initier les élèves aux différents courants littéraires et permettront l'enrichissement progressif du vocabulaire de base acquis antérieurement.» (Journal Officiel de la République du Sénégal 1973, 283). Diese Aussage läßt sich in der Wertschätzung der Literatur als klassische Kulturgeschichte überprüfen. Wegen einer geschichtsphilosophischen Wertung der Literaturgeschichte herrscht ein permanenter Diskurs des literarischen Auftrages als postaufklärerische Mission. Es läßt sich eine Kontinuität des Literaturverständnisses bemerken, die in der Periodisierung und in der Stoffauswahl die Literaturepochen aus der Renaissance, der Aufklärung und der Klassik unausgewogen behandelt. Es wird hier fortwirkend versucht, dasselbe humanistische Menschenbild seit der Renaissance auf die Interpretationsmodelle der Literatur zu übertragen. Eine Folge davon ist, daß der Deutschunterricht lediglich die Funktion erfüllte, das Germanistikstudium vorzubereiten.

Dem Verlust sprachenpolitischer Strenge und Exaktheit glaubt man durch eine Ausweitung des Bildungskanons in speziellen Fragen der literarischen Bildes entgegenzuwirken. Insofern werden curriculare Fragen selten aufgegriffen. In der langjährigen Fremdsprachenvermittlung des Deutschen im Senegal gab es nur einmal Versuche, den Deutschunterricht im Sinne der Präzisierung sprachenpolitischer Grundsätze neu zu bestimmen. In der Côte d'Ivoire stand die Reform des Deutschunterrichts erst ab Mai 1994 zur Diskussion.

Die Auseinandersetzung, die in dieser Region gerade begonnen hat, versucht kulturidentitäre Aspekte der afrikanischen Gesellschaft zu erfassen. Ferner wird versucht, über die Inhaltsbestimmung curricularer und sprachenpolitischer Fragen dem egalitären und komplementären Diskurs zwischen afrikanischen und europäischen Sprachen und Kulturen Vorzug zu geben. Durch diesen Paradigmenwechsel wird nicht nur ein neuer Begriff der Interkulturalität angestrebt. Weiterhin ist ein neuer Prozeß der Vermittlung der deutschen Kultur und Sprachen in vollem Gang, mit dem Ziel, das Verhältnis zwischen dem Deutschunterricht und dem Germanistikstudium dergestalt zu organisieren, daß der Autoritätsanspruch des Germanistikstudiums neu durchdacht wird. Es wird nicht so verfahren, daß der Sprachunterricht lediglich dem Literaturunterricht unterliegt und daß der Sprachunterricht der Erschließung literarischen Bildungsgutes dient. Von einer Umfunktionierung der beiden Fächer „Deutschunterricht" und „Germanistikstudium" ist langsam die Rede.

Singapur

Uta Morse & Justus Lewes
Nanyang Technological University
Singapore

Sprachenpolitik in Singapur

1. Image und Stellung des Deutschen

Was bringt Singapurer, 10.000 km von Deutschland entfernt, dazu, Deutsch zu lernen? Deutschland wird hier repräsentiert durch das Goethe Institut, eine große Deutsche Wirtschaftsvertretung und ein German Singapore Institute' (GSI.). Darüber hinaus bewundern die Singapurer Deutschland ob des "Vorsprungs durch Technik".

In Singapur hat jede Entscheidung, ähnlich wie im Berlin vor dem Mauerfall, politische Gründe (so auch die Einführung von Englisch als offizielle Landessprache). Der ursprüngliche Auslöser für das Studium von Fremdsprachen geht auf den früheren Premierminister Lee Kuan Yew zurück, der 1990 das Studium von Deutsch und Französisch als wichtigen Teil von Singapur's Westorientierung bezeichnete.

Daraus resultierte die Einführung von Fremdsprachenprogrammen an den beiden Universitäten und den vier Politechnischen Fachhochschulen auf unterschiedlichen Stufen. Die 'National University' (NUS) von Singapur richtete, als Teil seines Europäischen Studienprogramms, einen Deutsch-Studiengang ein, die 'Nanyang Technological University' (NTU) und die Fachhochschulen Anfänger- und Fortgeschrittenen-Sprachkurse, und die NTU ist dabei, noch weiterführende Deutschkurse einzuführen.

2. Ausbildung und Fortbildung der Lehrkräfte

1993 hat das Bildungsministerium auf Betreiben des hier ansässigen Goethe-Instituts, das der Ansicht war, Singapur sollte seine eigenen Sprachlehrer ausbilden, 10 Singapurer Lehrer zu einen intensiven Trainingsprogramm nach Deutschland geschickt. Nach ihrer Rückkehr fanden allerdings nur wenige von ihnen eine passende Anstellung. Die Universitäten bevorzugen immer noch muttersprachliche Dozenten.

3. Lehrangebot

Dieser Abschnitt beschränkt sich auf die Deutschkurse an der Technischen Universität (NTU). Der Schwerpunkt dieser Universität sind Ingenieurwissenschaften, obwohl es auch große Fakultäten für Wirtschaftswissenschaft und Kommunikationswesen gibt. Es werden derzeit drei Deutschkurse angeboten: Anfänger, Fortgeschrittene 1 und Fortgeschrittene 2. Die durchschnittlichen Teilnehmerzahlen liegen bei insgesamt 170 bis 200 Studenten pro Semester. Jeder Kurs dauert 52 Semesterstunden. Die Kurse mit bis zu 25 Studenten finden zweimal wöchentlich statt, gewöhnlich als zweistündige Seminare in den Abendstunden. Jeder Kurs wird mit einer zweieinhalbstündigen Abschlußprüfung beschlossen. Deutsch zählt wie Französisch, Japanisch und Malaysisch zu den "modernen" Sprachen, die als Wahlpflichtfächer angeboten werden. Die Teilnehmerzahlen der Deutschkurse verhalten sich zu Französisch und Japanisch ungefähr im Verhältnis 1 zu 3 zu 5. Die Studenten wählen diese Sprachen zusätzlich zu ihrem Hauptstudium. Diese Wahlpflichtfächer sollen dazu dienen, den intellektuellen Horizont der Studenten zu erweitern und interdisziplinäres Bewußtsein zu fördern. Dies gibt vielen Studenten, die sonst keine Gelegenheit oder gar das Bedürfnis gehabt hätten, die Möglichkeit, sich mit einer Fremdsprache auseinanderzusetzen.

4. Motive, Bedarf und Bedürfnisse

In dem High-Tech Umfeld Singapurs gibt es unterschiedliche Motive für Studenten, Deutsch zu erlernen. Wie schon erwähnt, sind sie von dem hohen deutschen technischen Standard ("Vorsprung durch Technik") fasziniert. Andere Gründe mögen sein, daß Deutsch als einfach und der Arbeitsaufwand gering eingeschätzt werden. So ist es nicht unüblich, daß Studenten ein Semester Deutsch belegen, danach ein Semester Französisch und schließlich ein Semester Japanisch. "Für viele Studenten ist das Studium einer Fremdsprache (die zu einem völlig fremden Kulturkreis gehört) eine ganz neue Erfahrung, so daß kaum Vorurteile bezüglich Grammatik, Stil und dem Lernziel bestehen. Das Erlernen einer neuen Sprache (bei Sprachen mit vertrautem kulturellem Hintergrund) ist jedoch durchaus üblich. Die Studenten leben in einer vielsprachigen Gesellschaft, in der Englisch, Mandarin, Malaysisch und Tamilisch verbreitet sind und normalerweise Singlish (ein spezieller Singapurer Dialekt auf der Basis von Englisch) oder andere Dialekte wie Hokkien oder Teochew gesprochen werden. So ist es üblich, mehrere Sprachen innerhalb eines Satzes zu kombinieren ("Sprach-Switching") und auch vom umgangssprachlichen zur offiziellen Form (wie z.B. Singlish und Standard Singaporean English) zu wechseln ("Wort-Switching"). Anders als im Abendland haben Singapurer keine Hemmungen oder Skrupel in diesen Dingen. In gewisser Weise ist das Erlernen einer neuen Sprache für sie einfach die Erweiterung des bestehenden mehrsprachigen Wortschatzes um einige zusätzliche Worte und Redewendungen." (LEWIS & MORSE in press). Vor diesem Hintergrund wird verständlich, daß viele Studenten die Sprachkurse belegen, um ein Grundverständnis der Sprache in kurzer Zeit zu erwerben (nicht um sie in der entsprechenden Kultur zu sprechen). Sie wollen das erlernte Vokabular unmittelbar anwenden."

5. Unterrichtsmethodik

Wie auch in anderen Studienfächern, wird eine schriftliche Abschlußprüfung verlangt. Der Unterricht erfolgt sehr straff mit dem Ziel, möglichst viel Stoff in den 52 Stunden unterzubringen. Das heißt aber auch, daß wenig Zeit für Konversation und kulturelle Aspekte bleibt. Dies kann jedoch im Prinzip durch Angebote verschiedener Deutscher Organisationen in Singapur (siehe oben) und durch neue elektronische Medien wie dem Internet ausgeglichen werden.

6. Institutionelle Förderung

Es gibt sowohl für Lehrer als auch für Schüler beträchtliche Unterstützung durch die Deutsche Botschaft und das Goethe-Institut (zum Beispiel in Form von innerbetrieblichen Fortbildungen). Als kulturelles Ereignis gelten Diskussionsrunden mit Vertretern der verschiedenen Schulen und Hochschulen, in denen Deutsch unterrichtet wird, die vom deutschen Botschafter (höchstpersönlich) geleitet werden.

7. Technologie im Unterricht

Die NTU ist außergewöhnlich gut mit Computern ausgestattet, so daß diese beim Deutschunterricht schon auf die unterschiedliche Weise eingesetzt wurden:

7.1. Computergestützter Fremdsprachenunterricht lieferte positive Ergebnisse, sowohl durch die unmittelbare Vertiefung des Wissens als auch durch die Tatsache, daß sich die Studenten bei der Anwendung mit authentische Sprachbeispielen auseinandersetzen.

7.2. Eine deutsche "Klatschspalte" ('Deutsch Gossip Column'), die auf die Initiative von Studenten zurückgeht, beruht auf der Möglichkeit von Konferenzschaltungen innerhalb des lokalen Universitätsnetzes. Themen von allgemeinem Interesse wie auch Fragestellungen zur deutschen Sprache werden lebhaft diskutiert. Wir fanden, daß dies eine wichtige Hilfe ist, sowohl beim praktischen Umgang mit der Sprache als auch beim Gedankenaustausch unter den Studenten. Die Spalte ist anonym und nicht fehlerorientiert, und sowohl die Studierenden, als auch die Lehrenden können sich einschalten und dazu beitragen. (See LEWIS & MORSE, in press)

7.3. Der Zugriff auf das Internet, im besonderen auf das World Wide Web bietet sowohl den Dozenten als auch den Studenten eine Fülle von Informationen. Dies reicht von "Chatting" (on-line Unterhaltung) in deutsch mit muttersprachlichen Nutzern bis zum Lesen deutscher Zeitungen, Magazinen oder traditioneller deutscher Erzählungen. Da mittlerweile alle deutschen Firmen und Organisationen im Internet vertreten sind, bietet das WWW unbegrenzte Möglichkeiten für die Anwendung der deutschen Sprachkenntnisse, zumal die meisten "homepages" deutsch und englisch angeboten werden. Da es sich beim World Wide Web noch um ein ganz neues Medium mit einer ganz eigenen Faszination handelt sind die Studenten in der Regel begierig, davon Gebrauch zu machen.

Das WWW bietet umfassende Hintergrundinformationen in deutscher Sprache, wie sie sonst nirgends zu finden sind.

Anmerkung:

Material für diesen Artikel teilweise aus 'Re-engineering in the classroom: teaching German as a foreign language in SE Asia' presented by Justus H. Lewis and Uta Morse at the UNESCO-ACEID Conference, Re-engineering Education for Change: Educational Innovation for Development, Bangkok, 8-12 December, 1996. Lewis, Justus & Morse, Uta, (in press) 'The Deutsch Gossip Column' in Z.L. Berge and M.P. Collins (Eds.) Wired Together: Computer-Mediated Communication in K-12. Volume 4: Writing, Reading, and Language Acquisition. Cresskill NJ Hampton Press.

Slowakische Republik

Ludovít Tito
Matej Bel Universität
Banská Bystrica / Slowakei

Die sprachenpolitische Situation in der Slowakei

1. Die Situation der Lehrkräfte

Die Tradition der Germanistik an den philosophischen und pädagogischen Fakultäten in der Slowakei, mit einer Unterbrechung in den Jahren 1978-1990, hat ihre historischen, ökonomischen und geographischen Gründe. Seitdem breitete sich die deutsche Sprache, als erste bzw. zweite Fremdsprache auch an den Fachhochschulen aus. In diesen Jahren sind in der Slowakei in verschiedenen Teilbereichen der Germanistik bedeutende Sprachwissenschaftler und Lehrer herangewachsen. Die jetzige Situation im Sprachunterricht, die auch die deutsche Sprache betrifft, ist kompliziert und nach der Meinung vieler Verantwortlicher sogar unbefriedigend. Die Grund - wie auch die Mittelschulen haben einen erdrückenden Mangel an qualifizierten Deutschlehrern. Nach der Wende stieg einerseits vielfach das Interesse der Schüler für das Deutschlernen, andererseits waren die existierenden Hochschulen mit philologischem Studium nicht imstande, sofort den Bedarf der Gesellschaft an Deutschlehrern zu befriedigen. In diesem Zusammenhang verweist man vorwiegend auf die sog. ökonomische Emigration. Zur Lösung des Problems dient(e) die Umschulung der Russischlehrer (aber auch solcher, die vorher Bürgerkunde, oder ähnliche Fächer unterrichteten) und größere Aufnahmenquoten von Gymnasiasten zum Fremdsprachenstudium.

2. Die Situation der Fremdsprachen nach der Öffnung

Bei den Studenten, aber zugleich bei der Gesamtbevölkerung gab es nach der Wende großes Interesse an den Fremdsprachen. Geöffnete Grenzen gaben den Leuten Impulse, sich wenigstens in den Geschäften zu verständigen. Die Fremdsprachen gewannen an Bedeutung, an erster Stelle Englisch und Deutsch. Mit der Möglichkeit, auch im Ausland an den Hochschulen zu studieren, begann Englisch bevorzugt zu werden. Diese Feststellung gilt vorwiegend für Hochschulen und verschiedene Sprachschulen und -zirkel. An den Grundschulen sieht die Situation anders aus. Die Bevölkerung eines so kleinen Landes, wie es die Slowakei ist, hat sehr großes Interesse an der Entwicklung der Sprachfähigkeiten ihrer Kinder. Wie die Pilze nach dem Regen sind nach der Wende auch Privatsprachschulen und verschiedene Sprachzirkeln entstanden. Nicht nur Kinder und Studenten, sondern auch Erwachsene nehmen gemeinsam am Unterricht teil. Die entscheidende Rolle für die Wahl einer Fremdsprache spielen die Möglichkeit der Selbstrealisation, wie auch die Ratschläge der älteren Generation. Ihren Einfluß hatten auch Satellitenprogramme, Reisemöglichkeiten und in der letzten Zeit zielgerichtete Außenpolitik einiger westlichen Länder (Spanien, Frankreich, BRD, USA), die sich an der Gründung von bilingualen Gymnasien beteiligten. Das Übergewicht der USA in der Welt beeinflußte zugleich die Wahl der englischen Sprache als der meistgewählten an den pädagogischen und philosophischen Fakultäten. An der zweiten Stelle befindet sich die deutsche Sprache, deren Einfluß vorwiegend mit der Vereinigung Deutschlands stieg. Große Hilfe für die Verbreitung der deutschen Sprache stellt das Goethe-Institut in Bratislava dar, das auch in anderen Städten bereits Zweigstellen errichtete.

3. Die Sprachenpolitik

Die Sprachenpolitik bildet den Bestandteil der Gesamtschulpolitik in der Regierungserklärung. Die Sprachenpolitik wird so vom Ministerium für Schulwesen und Wissenschaft gelenkt, aber um die praktische Verwirklichung der Sprachenpolitik kümmert sich das Staatliche Pädagogische Institut und die methodischen Zentren in den einzelnen Bezirksstädten. Prognosen für die Weiterentwicklung der Fremdsprachen erarbeitet das Institut für Informationen und Prognosen. Man muß aber zugleich hinzufügen, daß für eine eigene Schulpolitik, die Fremdsprachenorganisation inbegriffen, die Leitstellen an den Schulen (also Direktoren) die Verantwortung tragen. Das Einsetzen der einzelnen Fremdsprachen in den Unterricht hängt von der Möglichkeit der Fachkräfte an der Schule und vom Interesse der Schüler, Studenten (aber auch Eltern) ab. An den Hochschulen bestimmen die Zahl der Studenten für die einzelnen Fremdsprachen akademische Funktionäre mit der Zustimmung der Senate. Im allgemeinen werden Englisch und Deutsch bevorzugt.

4. Die Fremdsprachen an den Schulen

An den Grund- und Mittelschulen unterscheidet man "üblicher" Unterricht und Unterricht mit erweitertem Unterricht der Fremdsprachen. Im Schuljahr 1995/96 wurden an den Grundschulen die Fremdsprachen Englisch, Deutsch, Französisch, Spanisch und Russisch unterrichtet. In den von anderen Nationalitäten bewohnten Gebieten gibt es auch Grundschulen mit ungarischer, russischer, ukrainischer und deutscher Unterrichtssprache. Die qualifizierten Fachkräfte für Fremdsprachen stellen von 55%(Englisch) bis zu 92% (Russisch) aller Fremdsprachlehrer .Was die deutsche Sprache betrifft, an den Grundschulen unterrichten 2 956 Deutschlehrer (aber nur 1 753 haben eine Qualifikation). Es fehlen 792

Deutschlehrer. An den speziellen (kirchlichen) Grundschulen unterrichten 39 Deutschlehrer, qualifiziert sind nur 14. Deutsch lernen 209 686 Schüler. Ab der dritten Klasse können die Schüler die Fremdsprachen im sog. erweiterten Unterricht erlernen. An den Grundschulen ist Deutsch die am meisten frequentierte Fremdsprache, aber das bedeutet zugleich, daß im Fach Deutsch die meisten nicht qualifizierten Lehrkräfte tätig sind (40,69%). Lehrpflicht an den Grundschulen sind 23 Stunden pro Woche. Im Schuljahr 1996/97 werden die Grundschulen insgesamt 3 045 Deutschlehrer benötigen. Es steht vor uns noch die Aufgabe, 1 292 qualifizierter Deutschlehrer sicher zu stellen. Zur Verfügung stehen auch Lehrpläne, die vom Ministerium am 22. Juni 1993 bewilligt wurden. An den Mittelschulen unterrichtet man Englisch, Deutsch, Spanisch, Russisch und Französisch. Was die Qualifikation der Lehrer betrifft, ist sie an den Grundschulen höher und reicht von 83% (Englisch) bis zu 97% (Französisch). Es gibt zugleich Gymnasien mit der ungarischen Unterrichtssprache. Deutsch unterrichten an den Mittelschulen 2 049 Lehrer, davon 1 778 mit Qualifikation, was 86,77% entspricht. An den speziellen Mittelschulen wirken fünf Deutschlehrer, ohne Qualifikation ist lediglich ein Lehrer.

5. Die Fremdsprachen an den Hochschulen

Deutsch, als erste oder zweite Fremdsprache, unterrichtet man an den Universitäten im Umfang von 2 bis 6 Stunden pro Woche. Das hängt vom Typ der Hochschule ab. Es geht vorwiegend um Deutsch als Fachsprache. An den Fakultäten für Geisteswissenschaften (pädagogische, philosophische u.ä. Fakultäten) studieren die Studenten die Germanistik vorwiegend in 2 bis 5 Seminargruppen, d.h. 20 bis 100 Studenten. Der Umfang der Unterrichtsstunden pro Woche bewegt sich von 8 bis 10.

Eine spezifische Form des Hochschulstudiums der Germanistik war (ist) die sog. Umschulung der Russischlehrer. Jede Fakultät hat in diesem Studium mehr als 100 Requalifikanten vorbereitet. Genauere Angaben fehlen aber. Die spezifische Vorbereitung der Fachkräfte verläuft in methodischen Zentren. Es gibt verschiedene Formen der möglichen Akkreditation für den Deutschunterricht, so zum Beispiel die systematische Vorbereitung zu den Akkreditationsprüfungen und die Weiterbildung auf der Basis des Multiplikatoren (-innen)-Projekts, das mit Hilfe Österreichs verwirklicht wird.

6. Kooperationen

Die Bundesrepublik Deutschland beteiligt sich an der Weiterbildung und Ausbildung der Lehrkräfte. Es geht um die sehr enge Zusammenarbeit zwischen deutschen und slowakischen Hochschulen, die Teilnahme von slowakischen Lehrern an verschieden Kursen in der BRD, die Hilfe und Betreuung einzelner deutscher Professoren den slowakischen Fakultäten und Hochschulen gegenüber. Der Verband der Deutschlehrer und -innen und Germanisten der Slowakei wurde als eine freiwillige und von politischen Parteien und Verbänden unabhängige Organisation am 26. Juni 1991 in Bratislava gegründet. Der Verband vereinigt die Lehrer und Lehrerinnen der deutschen Sprache in den Schulen aller Stufen, Germanisten und andere Interessenten für die Pflege und Verbreitung der deutschen Kultur und Sprache. Der Verband veranstaltete die erste Deutschlehrertagung in Banská Bystrica vom 9. bis 12. September 1992. Im Jahre 1996 fand bereits die dritte Deutschlehrertagung in Presov statt.

Viel Arbeit bei der Verbreitung der Deutschkenntnisse hat die Projektgruppe beim Goethe-Institut geleistet. Die Ergebnisse der Arbeit der Deutschlehrer erschienen in der Zeitschrift "Begegnungen" und in verschiedenen Heften der methodischen Zentren, sowie in Lehrbüchern, Aufsätzen usw. Die Projektgruppe, in der die Lehrer von Grund-, Mittel-, Sprach- und Hochschulen zusammenarbeiten entstand im Jahre 1990. Seitdem machte sie sich unter der Leitung der deutschen (und niederländischen) Professoren mit neuesten didaktischen und methodischen Verfahren bekannt, die in Zeitschriften und Seminaren von ihren Mitgliedern vermittelt wurden. In Zusammenarbeit mit dem Goethe-Institut in Bratislava und der Projektgruppe haben die Lehrstühle für Germanistik an der Pädagogischen Hochschule in Nitra und an der Philosophischen Fakultät in Presov, neue, eigene Studienordnungen ausgearbeitet. Zugleich entstanden auch enge Kontakte mit der Projektgruppe in Ungarn. Das Goethe-Institut organisiert mit dem schon erwähnten Verband, Schulen und methodischen Zentren verschiedene Wettbewerbe, die zur Verbreitung und Propagierung der deutschen Sprache in der Öffentlichkeit dienen. Zu erwähnen sind z. B. "Denkmal", "Europa in der Schule" und andere. Im Deutschunterricht an den Hochschulen benutzt man fast ausschließlich deutsche Literatur. An mehreren Hochschulen entstanden in den letzten sieben Jahren auch heimische Studienmaterialien. An den Gymnasien und anderen Mittelschulen bevorzugt man im Deutschunterricht zum größten Teil "Themen", die in Lizenz auch in der Slowakei erschienen. Zugleich werden von den Deutschlehrern an den Gymnasien auch andere Quellen eingesetzt.

7. Perspektiven

Um die Qualifikation der Lehrer zu erhöhen, organisierte das Ministerium für Schulwesen im Jahre 1996 sog. Qualifikationsprüfungen. Den Inhalt der Prüfungen orientierte man an der Fähigkeit der Fachkräfte zur Durchsetzung ihrer pädagogischen Erfahrungen bei der Lösung der fachmethodischen Probleme im Unterricht. Die Durchführung der Qualifikationsprüfungen verwirklichten methodische Zentren, Staatliches Pädagogisches Institut und andere Bildungsstätten der Zentralorgane der staatlichen Verwaltung. Diese Qualifikationsprüfungen betrafen fast alle Deutschlehrer, die keine Weiterbildung in den vorhergehenden Jahren erfuhren. Die Qualifikationsprüfung bestand aus schriftlichem (Arbeit) und mündlichem Teil und hatte auch Einfluß auf die Erhöhung der Löhne der Lehrer. Für die Bedürfnisse der Lehrer geben das Ministerium und das Staatliche Pädagogische Institut verschiedene Zeitungen und Zeitschriften (z. B. Pädagogisches Spektrum, Lehrerzeitung, Broschüren, Curriculum der deutschen Sprache und andere Hilfsmaterialien) heraus, die die Möglichkeit bieten, Gedanken auszutauschen, Erfahrungen aus dem Unterrichtsprozesses mitzuteilen und neue didaktische Verfahren zu suchen.

Türkei

Jörg Kuglin
Goethe-Institut
Ankara / Türkei

Die Perspektiven für DaF in der Türkei

Nach einer Blütezeit des Deutschen als Fremdsprache in der Türkei - seit der politisch bedingten akademischen Migration in den 30er Jahren bis nach dem letzten Militärputsch (1980) - befindet es sich in einem raschen, in den letzten Jahren verlangsamten Niedergang:

- Anteil des Deutschen und Französischen am Gesamtaufkommen des Fremdsprachenunterrichts an den allgemeinbildenden Schulen in der Türkei für das Schuljahr 1991/92 waren 6,96 bzw. 3,14 % gegenüber 89,89 % Englisch)
- etwa zwei Drittel der über 3.000 Deutschlehrer im türkischen Sekundarschulwesen werden fachfremd eingesetzt;
- seit fünf Jahren werden keine neuen Deutschlehrer eingestellt (obwohl 22 Abteilungen an den fast 60 türkischen Universitäten jährlich etwa 600 lehramtsberechtigte Germanistikabsolventen ausstoßen, die Gründung weiterer Abteilungen ist geplant);
- von den jährlich aus dem deutschsprachigen Raum in die Türkei zurückkehrenden durchschnittlich 850 schulpflichtigen türkischen Kindern setzt nur etwa die Hälfte die Beschäftigung mit dem Deutschen fort.

Als Gründe für diese Situation werden angeführt:

- der geringe Prestigewert des Deutschen als „Gastarbeitersprache"(so die deutsche Botschaft in Ankara);
- die Reduktion des Begriffs „Fremdsprachen" auf „Fremdsprache (=Englisch)" angesichts der Fächerüberfrachtung im türkischen Schulsystem (104 verschiedene Fächer, bei über 40 verschiedenen Schultypen im Sekundarbereich);
- der geringe Nutzwert des Deutschen für Bildung und Beruf.

Mit fast 3 Millionen türkischer Staatsbürger in den deutschsprachigen Regionen Europas, dazu etwa 5 Millionen Zurückgekehrter, verfügt die Türkei bei ca. 65 Millionen Einwohner über etwa 8 Millionen Staatsbürger mit Deutschkenntnissen. Eine Aufgabe unserer Maßnahmeplanung müßte dementsprechend ein Katalog von Förderungsmaßnahmen zum Spracherhalt sein. Bisher ist in dieser Richtung kaum etwas geschehen; auf den Sitzungen der „Ständigen gemischten deutsch-türkischen Kulturkommission"(die laut Kulturabkommen jährlich tagen soll: die letzten Sitzungen fanden 1996, 1993 und 1988 statt) wird zu diesem Komplex lediglich die Zahl der aus Deutschland vermittelten „Programmlehrer" und der bedachten Auffangschulen verhandelt. Angesichts der medialen Globalisierung ist hier zu überlegen, ob nicht hier auch über die Einspeisung deutscher Fernsehsender in das türkische Kabelnetz zu sprechen wäre; RTL, SAT 1 und Pro 7 reichen da nicht, und umgekehrt läuft es doch schon ganz gut.

Daß Deutsch dem Englischen schon längst keine Konkurrenz mehr machen kann, ist evident. Andererseits gilt, daß, wenn die Türkei weiterhin an einem Beitritt zur EU interessiert ist, sie den europaweit gesetzten Standard von mindestens zwei Schulfremdsprachen wird akzeptieren müssen; dann hätte Deutsch neben Französisch, Arabisch, Russisch und Japanisch in der Türkei wieder eine faire Chance. Allerdings wird dann der türkische Ansatz zu diskutieren sein, nach dem eine Curriculums-Schablone auf dem Hintergrund des Englischen als Fremdsprache mit allen Implikationen wie thematischer und grammatikalischlexikalischer Progression auch auf die Curricula der minderen Fremdsprachen übertragen wird. Zu fordern ist weiter eine Politik, die Studienanfängern aus dem Kreis der Rückkehrkinder nahelegt, DaF als zweites Schulfach zu wählen - angesichts der gegenwärtigen ausnahmslosen Regelung des Ein-Fach-Studiums in der Türkei aber noch utopisch.

Der geringe Nutzwert des Deutschen als Fremdsprache in der Türkei wird vor allem daran gemessen, daß es im Land kaum Studiengänge mit Deutsch als Unterrichtssprache gibt (eine Ausnahme ist die Istanbuler Marmara-Universität mit einigen Fächern; eine durchgehend deutschsprachige Stiftungsuniversität, natürlich ebenfalls in Istanbul, soll noch 1997 den Unterrichtsbetrieb aufnehmen) gegenüber einer großen Anzahl von - staatlichen und privaten - Universitäten, die den Unterricht auf Englisch abhalten. Die aktuelle Diskussion über intensiven und effektiven Fremdsprachenunterricht vs. Unterricht in der Fremdsprache ist kontrovers und heftig.

Die restriktive Praxis bei der Visaerteilung für Studienbewerber an deutschen Hochschulen aus der Türkei ist ein weiteres Hindernis. Außerhalb Istanbuls gibt es lediglich in Ankara seit kurzem wieder eine (1) Buchhandlung, die auch Bücher aus Deutschland anbietet - angesichts der für hiesige Verhältnisse horrenden Preise für deutsche Bücher haben im Lauf der letzten Jahre eine ganze Anzahl von Buchhändlern das Risiko nicht mehr tragen mögen und ihr Sortiment umgestellt.

Eine Analyse der Stellenangebote in türkischen Tageszeitungen ergibt, daß auch Firmen mit deutscher Kapitalbeteiligung kaum Deutschkenntnisse bei künftigen Mitarbeitern verlangen; dies ist umso erstaunlicher, als die „Prüfung Wirtschaftsdeutsch" ja auch vom DIHT und seinen AHKn mitgetragen wird.

Lediglich im Tourismusbereich hat Deutsch in der Türkei eine gewisse Bedeutung. Hier zeigt sich allerdings, daß an Stellen, wo der direkte Kontakt zum deutschsprachigen Touristen nötig ist, in der Regel doch Rückkehrer eingesetzt werden. Der DaF-Unterricht an Schulen und Hochschulen, die für das Tourismusgewerbe ausbilden, wird meist von Lehrern und Lektoren mit äußerst dürftigen Deutschkenntnissen und nach absolut unzeitgemäßen Methoden unter wenig motivierenden Umständen erteilt.

Mit der Gründung von Ortsvereinen des Türkischen Deutschlehrerverbands (Sitz: Istanbul) in Ankara und Izmir 1996 sowie der für dieses Jahr bevorstehenden Gründung des Türkischen Germanistenverbands verfügen wir über Partner, die ein vitales Interesse an Erhalt und Ausbau von DaF in der Türkei haben. Diese zu unterstützen und mit ihnen zusammenzuarbeiten ist eine der vordringlichsten Aufgaben der hier tätigen Mittlerorganisationen wie GI, DAAD und ZfA. Nächste Zielpunkte im Jahre 1997 sind die DLT am 1. März in Istanbul und Izmir, am 8. März in Ankara; der 6. Türkische Germanistikkongreß im Oktober in Mersin und ein Internationales Symposium zur Deutschlehrerausbildung im November in Ankara. Eine Voraussetzung für unsere Glaubwürdigkeit unseren Partnern gegenüber ist allerdings die Bereitstellung ausreichender finanzieller und personeller Mittel durch die Entscheidungsträger in Deutschland. Der Abbau von DAAD-Lektoraten, die Ausdünnung der Wirksamkeit der drei Goethe-Institute im Land und die Erschwerung des Zugangs zum Hochschulstudium in Deutschland sind nicht Signale eines allzu großen Interesses Deutschlands an DaF in der Türkei.

Ungarn

Peter Bassola
Lehrstuhl für deutsche Sprache und Literatur der Jósef Attila Universität
Szeged

Deutsch in Ungarn

1. Deutsch als Fremdsprache

Die Situation des Fremdsprachenunterrichts wurde kurz vor dem politischen Systemwechsel in Ungarn - wie in den meisten ehemals sozialistischen Ländern - durch eine wichtige sprachenpolitische Maßnahme, nämlich durch die Abschaffung des Russischen als Pflichtfach (1988), wesentlich verändert. Damit wurde zugleich auch das Paradoxon aufgelöst, wobei Russisch, eine institutionell, auf Kosten aller anderen Sprachen bevorzugte Sprache (Russisch war in allen Schultypen und auf allen Ebenen obligatorisch, und wo nur eine Sprache unterrichtet wurde, als einzige Fremdsprache im Angebot) in der Anwendung in jedem Bereich benachteiligt war. Der Privattourismus war sowohl in als auch aus der Sowjetunion äußerst erschwert, man war an russischsprachiger Information nicht interessiert, Arbeitsmöglichkeiten in der Sowjetunion waren sehr eingeschränkt, und überhaupt waren alle Privatinitiativen von vornherein nicht erwünscht, Privatkontakte nicht gerne gesehen etc.; vgl. Bassola 1992: P. Bassola: Deutsch in Ungarn im Spiegel des (Fremd)Sprachunterrichts. In: *LernSprache* Deutsch, hrsg. von Günter Lipold, 1/1992, S. 9-26; vgl. noch Bassola 1997: Deutsch im Ungarn der 90er Jahre. Im Erscheinen in: Festschrift für P.H. Nelde.

Es entstand aber zugleich ein Vakuum im Fremdsprachenunterricht: Alle Sprachen sind gleichberechtigte Wahlpflichtfächer geworden, in denen es an Lehrenden jahrelang mangelte. Die Mehrzahl der etwa 12.000 in Ungarn tätigen Russischlehrer ist überflüssig geworden, und es fehlten Lehrer anderer Fremdsprachen tausenderweise; in den Klassen 4 - 8, wo damals etwa 800.000 Schüler nur eine Sprache, und zwar Russisch gelernt hatten, standen zu Beginn ein paar hundert Diplomsprachlehrer zur Verfügung (vgl. Bassola 1992).

Dem Lehrermangel wurde - über die Erhöhung der Studierendenzahl in der Lehrerausbildung in bestehenden Hochschuleinrichtungen hinaus sowie über Neugründungen von Lehrstühlen für Fremdsprachenlehrerausbildung hinaus - durch die Umschulung der Russischlehrer und durch eine intensive Fremdsprachenlehrerausbildung in kurzer Zeit abgeholfen; beide Ausbildungsformen befinden sich gegenwärtig in der Auslaufphase (vgl. Bassola 1992, 1997).

Von diesem Mangel waren zwei Sprachen, nämlich Englisch und Deutsch, am stärksten betroffen; sie wurden in allen Schultypen und auf allen Ebenen am häufigsten gewählt, und - sieht man von den ersten ein bis zwei Jahren ab, wo das Bild durch auslaufende Russischkurse modifiziert wurde - sind die Proportionen unter den Sprachen nahezu stabil. Allgemein läßt sich sagen, daß Englisch und Deutsch durchschnittlich etwa zu 80% vertreten sind. Während in unteren Schultypen häufiger Deutsch gewählt wird, wird auf Hochschulebene wesentlich mehr Englisch gelernt. Im Schuljahr 1994/95 sah das Verhältnis der gewählten Sprachen folgendermaßen aus:

Grundschule (4-8. Klasse)
Deutsch   Englisch   andere Sprachen
53,7%   40,4%   5,9%

Berufsschule (9-11. Klasse)
Deutsch   Englisch   andere Sprachen
66,3%   20,3%   13,1%

Fachmittelschule (9-12. Klasse)
Deutsch   Englisch   andere Sprachen
44,8%   34%   45,7%

Gymnasium (9-12. Klasse)
Deutsch   Englisch   andere Sprachen
43%   9,5%   23%

Hochschule und Universität
Deutsch   Englisch   andere Sprachen
26,4%   52,3%   21,3%

Deutsch befindet sich in Ungarn auf dem Weg zur Verkehrssprache; es hatte bereits vor dem Zweiten Weltkrieg diesen Status. Die engen Kontakte Ungarns mit den deutschsprachigen Ländern in wirtschaftlichem, touristischem, aber auch privatem Bereich erfordern von einer breiten Population eine brauchbare, aktive Sprachkenntnis zumindest auf der Grundstufe, aber von gebildeten Leuten auf immer höheren Stufen, und dann eben in gesprochener Sprache und Schrift.
    Englisch zeigt auch in Ungarn den Weltsprachencharakter: Über die engere Region hinaustretend (hierbei sind über die deutsch-sprachigen Länder hinaus auch andere im Einzugsbereich des Deutschen im Osteuropäischen Raum gemeint) ist Englisch das sicherste Kommunikationsmittel, und es ist die Sprache von immer mehr Fachbereichen und Berufen.

2. Deutsch als Muttersprache

In Ungarn lebt eine deutsche Minderheit, deren Zahl heute meist mit 220.000 angegeben wird und von der nur 17% (37.000) ihrer Muttersprache mächtig sind.

Die Zahl der Minderheitenschulen und -klassen hat sich in den letzten Jahren erhöht; sie sind in drei Typen einzuordnen:

- mit deutscher Unterrichtssprache
- zweisprachige Schulen/Klassen
- erhöhte Wochenstundenzahl von Deutsch.

Durch die Liberalisierung im Schulsystem wurden in den letzten Jahren Schulen und Schulklassen u.a. mit deutscher Unterrichtssprache gegründet, die von Stiftungen, Kirchen, natürlichen Personen o.ä. unterhalten werden.

In den letzten Jahren verbreitet sich in einigen Schulen die Unterrichtspraxis, daß ein oder mehrere Schulfächer in einer Fremdsprache unterrichtet werden, wobei zahlenmäßig wiederum Englisch und Deutsch führend sind. Ähnlich wurden an Universitäten Studiengänge mit Deutsch, Englisch, seltener Französisch als Unterrichtssprache eingerichtet (besonders Wirtschaft, Medizin, Technik, aber neuerdings auch Jura u.a.), die zum Teil höhere Studiengebühren verlangen, aber dafür oft auch ein Teilstudium im jeweiligen Land sichern.

3. Auswertung

Ein kleines Land wie Ungarn mit einer völlig anderen Sprache ist auf Fremdsprachenkenntnisse unbedingt angewiesen, um mit seiner Umgebung in Kontakt zu bleiben. Nach Aufhebung der (früher kommunistisch) gesteuerten Orientierung und Ermöglichung der Privatinitiativen sind nun zwei Sprachen, Deutsch und Englisch, am meisten gefragt. Die Präsenz des Deutschen als Muttersprache spricht in Gegenden mit einem größeren Anteil von Ungarndeutschen für die Wahl des Deutschen. Die deutschsprachigen Länder fördern die deutsche Sprache in Schulen, Lehrerausbildung sowie mit Stipendien, aber auch mit Kulturprogrammen u.a.

Immer stärker wirkt sich die Reisefreiheit aus, durch die das Sprachenlernen mit dem Spracherwerb ergänzt werden kann: Durch die Erprobung des Gelernten in "echten" Situationen wird das Lernen bestätigt und die Motivation gestärkt. Medien, (fremdsprachige) Zeitungen und Zeitschriften, Radio- und - besonders - Fernsehprogramme sind effektive Förderer im Spracherwerb.

Der äußerst positiven Entwicklung des Fremdsprachen-, aber auch des Deutschlernens zu Anfang der 90er Jahre, als Schwierigkeiten anderer Art vorherrschten, wirkt in den letzten Jahren die immer stärkere finanzielle Not sowohl in Ungarn als auch in ganz Europa entgegen.

4. Aussichten

Es ist zu erwarten, daß durch die Deutschlehrerausbildung der große Lehrerbedarf in den Schulen aufgeholt werden kann, was sich wiederum in den Schulen positiv auswirken wird. Je mehr der schulische Deutschunterricht durch den Spracherwerb in natürlichen Situationen ergänzt wird, desto motivierter sind die Schüler, was wiederum zur größeren Effektivität des Unterrichts beiträgt.

Man sollte erreichen, daß bereits auf der Mittelschulebene gewisse Schulfächer in deutscher Sprache unterrichtet werden; das kann z.b. Fremdenführung sein oder ein Fach, welches die bereits vorhandenen Kenntnisse auf einer höheren Ebene in der Fremdsprache systematisiert.

Auf der Universitätsebene sollte man innerhalb des Sprachunterrichts Fachunterricht in der Fremdsprache erteilen.

Die Nähe zu den deutschsprachigen Ländern und die intensiven Kontakte mit ihnen erfordern ein immer höheres Beherrschen des Deutschen, unterschiedlich je nach Qualifikation, denn oft wird selbst die Sprachkenntnis die (fachlichen) Möglichkeiten des Einzelnen, aber auch von Gruppen oder Unternehmen darüber entscheiden, ob man (wenn auch nur vorübergehend) eine günstige Arbeitsmöglichkeit im Ausland bekommen kann, günstigere Kontakte zu ausländischen Firmen knüpfen kann o.ä.

Erik Kwakernaak

Grammatik im Fremdsprachenunterricht
Geschichte und Innovationsmöglichkeiten
Am Beispiel Deutsch als Fremdsprache in den Niederlanden

Amsterdam/Atlanta, GA 1996. VI,473 pp.
(Deutsch: Studien zum Sprachunterricht und zur interkulturellen Didaktik 1)
ISBN: 90-420-0035-X   Hfl. 150,-/US-$ 100.-

Der schulische Fremdsprachenunterricht ist in Bewegung. Vieles verändert sich: die gesellschaftlichen Bedürfnisse, die Auffassungen zum Bildungsbegriff, das Schulsystem und die Schulorganisation, die wissenschaftlichen Theorien und Erkenntnisse zum Spracherwerb. Von der Grammatik-Übersetzungsmethode des 19. Jahrhunderts bis zum kommunikativen Ansatz der 1980er Jahre war ein langer Weg. Wie geht es nun weiter ins 21. Jahrhundert?

Die Grammatik war früher zentrales Element in einem Fremdsprachenterricht, der nur die geschriebene Sprache im Auge hatte. Sprechen war höchstens ein zufälliges Nebenprodukt. Im kommunikativen Ansatz, der dann das Sprechen in den Mittelpunkt stellte, wurde die Grammatik zum unintegrierten Anhängsel. Immer noch gibt es keine praktikable Didaktik-Methodik, die die mündliche Kommunikation als Hauptlernziel hat und ein integriertes, effizientes und effektives Grammatiktraining mit umfaßt.

Diese Studie beschreibt die Grenzen, die der Innovation des schulischen Fremdsprachenunterrichts gesetzt sind. Sie nimmt Stellung in der wissenschaftlichen Debatte zur Effektivität von Grammatikinstruktion. Vor diesem Hintergrund macht sie realistische Vorschläge für eine auf das Sprechen gerichtete Übungsmethodik und für die Lernstoffauswahl und Einführungsreihenfolge im grammatischen Teillehrplan. Exemplarisch geht sie detailliert auf das deutsche Kasussystem ein.

Die Beschreibungen und Analysen gehen vom niederländischen Unterricht des Deutschen als Fremdsprache aus, doch sie führen zu theoretischen Stellungnahmen und praktischen Vorschlägen, die über die niederländische Spezifik hinausgehen.

Deutsch: Studien zum Sprachunterricht und zur interkulturellen Didaktik.
Herausgegeben von Wolfgang Herrlitz

USA/Canada: Editions Rodopi B.V., 2015 South Park Place, Atlanta, GA 30339, Tel. (770) 933-0027, *Call toll-free* (U.S. only) 1-800-225- 3998, Fax (770) 933-9644, *E-mail:* orders-queries@rodopi.nl
All Other Countries: Editions Rodopi B.V., Keizersgracht 302-304, 1016 EX Amsterdam, The Netherlands. Tel. + + 31 (0)20-622-75-07, Fax + + 31 (0)20-638-0948, *E-mail:* order-queries@rodopi.nl
http://www.rodopi.nl

Printed in the United States
By Bookmasters